알고 보면 가까운
독립운동 이야기

알고 보면 가까운 독립운동 이야기

초판 1쇄 펴낸날   2025년 5월 31일

지은이   남상욱, 이현실
펴낸이   홍지연

편집   홍소연 김선아 김영은 차소영 조어진 서경민
디자인   이정화 박태연 정든해 이설
마케팅   강점원 최은 신예은 김가영 김동휘
경영지원   정상희 배지수

펴낸곳   (주)우리학교
출판등록   제313-2009-26호(2009년 1월 5일)
제조국   대한민국
주소   04029 서울시 마포구 동교로12안길 8
전화   02-6012-6094
팩스   02-6012-6092
홈페이지   www.woorischool.co.kr
이메일   woorischool@naver.com

ⓒ남상욱·이현실, 2025
ISBN 979-11-6755-305-8 43910

만든 사람들
편집   서경민
디자인   박태연

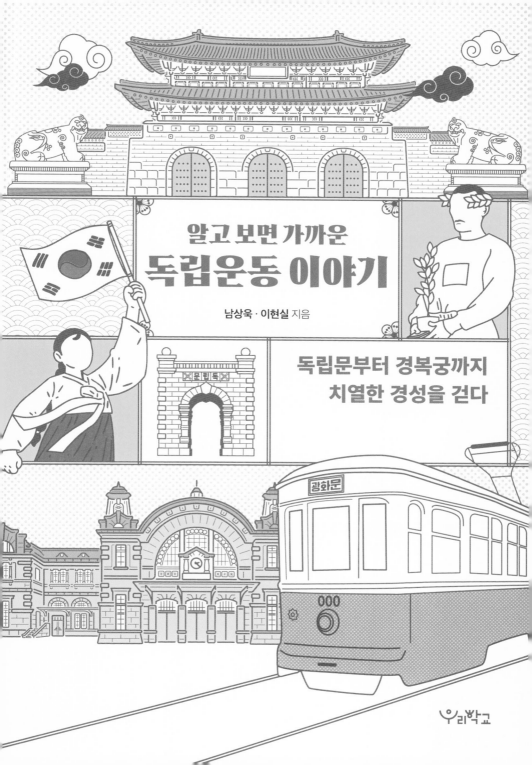

차례

인왕산

경복궁

조선총독부

독립문

광화문통

경희궁

경성부민관

러시아공사관

경성부청사

이화학당

석조전

조선식산은행

환구단

조선호텔

조지야백화점

배재학당

하세가와마치

조선은행

남대문통

미쓰코시백화점

남대문

상동교회

경성역

조선신궁

태평통

본정

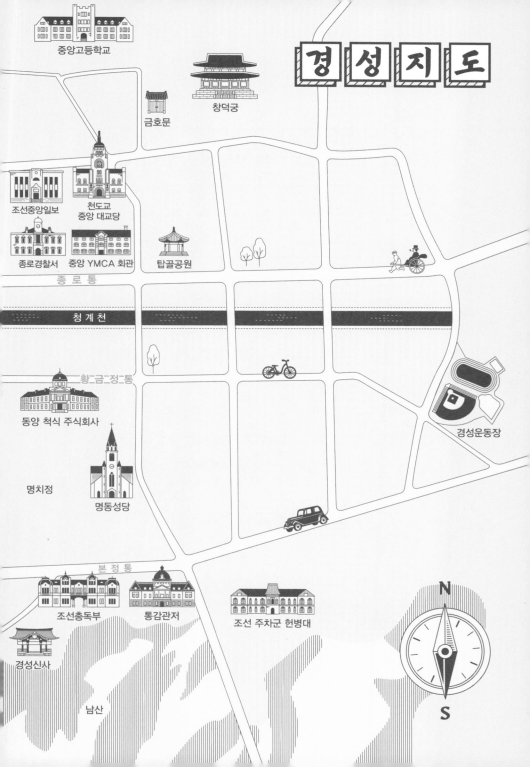

머리말

서울은 오늘날 우리가 살아가는 멋진 도시지만, 한때는 참 힘든 시기를 겪었던 곳이기도 해요. 1910년부터 1945년까지, 서울은 '경성'이라는 이름으로 불리며 일본의 식민지 지배를 받았어요. 하지만 그때에도 경성은 단순히 일제 식민지의 수도 역할만 하지 않았습니다. 일제강점기 경성에서 우리 조상들은 독립을 위해 치열하게 싸우며 희망을 지켰어요. 저자는 일제강점기의 근대사를 다큐멘터리로 기록해 왔는데요. '경성'이라는 공간을 추적하며 우리 민족이 얼마나 강한 의지로 시대를 헤쳐 나갔는지 알 수 있었어요. 경성의 이야기는 우리가 어디서 왔고, 어떻게 오늘날까지 성장했는지 보여 주는 중요한 열쇠입니다.

일본은 경성을 자신들의 식민 통치 중심지로 만들기 위해 도시 구조를 바꾸고 일본식 건물을 세웠어요. 남산에는 조선신궁을 세워 우리의 전통을 억누르려 했고, 종로통에는 경찰서를 두고 독립운동가들을 탄압했지요.

하지만 경성은 일본이 원했던 대로만 되지 않았어요. 독립운동가들은 종로통에 자리한 중앙 YMCA 회관과 천도교 중앙 대교당에서 3·1운동을 준비했고, 김상옥 의사의 종로경찰서 폭탄 의거도 있었죠. 《조선중앙일보》와 《동아일보》는 베를린 올림픽에서 우승한 손기정 선수 옷에서 일장기를 지우는 것으로 저항했고요. 경성은 항일 운동의 중심지였어요. 수많은 사람이 이 도시에서 독립을 위해 싸웠고, 그 흔적은 오늘날까지도 남아 있어요.

한국인들은 일제의 억압과 폭력에 맞선 정당한 저항을 멈추지 않았습니다. 그리하여 1945년 해방의 날이 찾아왔습니다. 끈질긴 투쟁과 희생이 만들어낸 결과였지요.

경성의 이야기를 잊지 않는 것은 과거를 기억하는 것 이상이에요. 역사는 과거의 기록에 머물지 않고 오늘날 우리의 정체성을 이룹니다. 경성의 거리에서 이어졌던 저항과 희생의 이야기는 우리 민족의 강인함을 보여 주는 증거입니다. 경성을 중심으로 이루어진 항일 독립운동의 발자취를 따라가다 보면 오늘날 우리가 살아가는 한국이 어떤 곳인지 더 잘 이해할 수 있습니다.

단재 신채호 선생님께서는 "역사를 잊은 민족에게 미래는 없다." 라고 하셨지요. 지금 우리가 누리고 있는 자유와 번영은 바로 앞선 시대를 살아간 사람들의 희생과 노력에 빚지고 있습니다. 우리가 평범하게 살아가는 이 일상은 이름 없는 수많은 사람이 흘린 눈물로 만들어진 소중한 유산이죠. 이 책을 읽는 청소년 여러분이 경성의 이야기를 더 쉽게 느끼고, 저마다의 의미를 찾았으면 좋겠습니다.

남상욱, 이현실

독립문

경희궁

러시아공사관

중명전

이화학당

미국공사관

프랑스공사관

독립신문사

배재학당

경성부민관

영국공사관

석조전

독일공사관

이탈리아공사관

경성역

남대문

1장

정동에서 꿈꾸었던 근대화와 자주독립

:을미사변, 아관파천, 대한제국 선포까지

고종, 대한제국을 꿈꾸다

오늘날 현대식 건물과 역사적 건축물이 공존하는 정동 거리는 한때 조선의 미래를 결정짓는 역사의 무대였습니다.

1883년, 이곳에 미국공사관이 들어섰어요. 지금은 주한미국대사관 숙소로 사용되는 한옥이 있지요. 이 일대는 당시 외교의 중심지로 떠오르게 됩니다. 이 주변으로 영국, 러시아, 프랑스 공사관이 차례로 문을 열었기 때문이죠. 각국 공사관은 서로 경쟁하듯 화려한 건물을 지었고, 정동의 풍경을 바꾸었어요. 좁은 골목길에 한옥이 즐비하던 조용한 동네가, 신식 외교 공관이 줄지어 생기며 국제적인 지역으로 탈바꿈한 거죠.

러시아공사관은 2층 벽돌 건물에 아치형 창문, 돔 지붕 등 화려한 외관을 자랑했어요. 정동 언덕 위에 우뚝 솟아 있었는데 이 언덕에서는 서울 도성을 한눈에 내려다볼 수 있었어요. 특히 경복궁, 경운궁(현 덕수궁), 경희궁 등 주요 궁궐이 잘 보였습니다.

조선 사람들은 정동의 변화에 큰 충격을 받았습니다. 전기, 수도 시설, 유리창 등 처음 보는 문물들이 눈앞에 펼쳐진 거예요. 어떤 사람들은 신기해하며 구경했고, 어떤 사람들은 불안해했어요.

그러던 중 1895년 10월, 을미사변이 일어났습니다. 일본인들이 경복궁에 침입해 명성황후를 시해한 겁니다. 이 사건으로 고종은 극도의 공포에 빠졌고, 궁궐이 더 이상 안전하지 않다고 느꼈습니다.

그리하여 1896년 2월 11일 새벽, 고종은 러시아공사관으로 몰래 피신합니다. 이를 '아관파천'이라고 불러요. '아관'은 러시아공사관을, '파천'은 임금이 궁궐을 떠나 다른 곳으로 옮기는 것을 뜻해요. 한밤중에 여인의 가마를 타고 궁을 빠져나온 고종은 어둠 속에서 정동 언덕길을 올라갔을 거예요.

고종은 러시아공사관에서 약 1년간 머물렀습니다. 이 기간에 수도, 난방 시설 등 문명의 이기를 접하며 근대화의 필요성을 느꼈죠.

러시아공사관에서의 생활은 고종에게 양면적인 경험이었습니다. 일본의 위협에서 벗어나 안전을 확보했지만, 외국 공관에 의지해 국정을 운영해야 하는 굴욕적인 상황이었으니까요.

고종은 조선이 완전히 독립하려면 어느 한 나라에 의존해서는 안 되며 자신의 힘으로 나라를 지켜야 한다는 '자주독립'의 필요성을 느낍니다. 그러기 위해서는 '근대화'를 통해 국력을 키워야 한다는 것도요. 러시아공사관에 머무는 동안 고종의 머릿속에는 '자주독립'과 '근대화'라는 두 가지 목표가 뚜렷하게 자리 잡았습니다.

이를 위해 고종은 여러 나라와 우호적인 관계를 맺으려 노력하는 한편 군대를 강화하고 서양식 제도를 도입하려 했습니다. 또한 근대식 학교를 세우고 유학생을 보내는 등 교육에도 힘을 썼죠. 새로운 지식과 기술을 갖춘 인재들이 자주독립과 근대화의 근간이 되리라 믿었기 때문입니다.

이런 노력은 후에 대한제국 수립과 광무개혁으로 이어집니다. 그래서 고종에 대해 어떤 역사학자들은 어려운 상황에서도 근대화를 위해 노력했다는 점을 높이 평가합니다.

고종과 독립협회, 서로 다른 미래를 그리다

러시아공사관이 있는 언덕을 내려오면 정동길이 나옵니다. 19세기 말, 이 거리는 지금과는 사뭇 달랐어요. 외교관과 선교사 들이 정

러시아공사관. 지금은 일부만 남아 있다.(위 사진)

동으로 모여들며, 낯선 서양식 건물들이 조선의 전통 건물들과 뒤섞여 있었습니다. 그중에는 조선의 젊은이가 새로운 세상을 꿈꾸며 열정을 불태웠던 건물도 있어요.

1885년, 정동에 배재학당이 문을 엽니다. 미국인 선교사 아펜젤러가 세운 이 학교는 조선 최초의 근대식 남학교였어요. 같은 해 스크랜턴 여사가 세운 이화학당도 근처에 자리 잡았죠. 이화학당은 한국 최초의 여성 교육 기관으로, 당시로서는 혁명적인 시도였습니다.

이들 학교에서는 무엇을 가르쳤을까요? 영어, 수학, 과학 같은 새로운 학문은 물론이고 민주주의, 평등, 자유 같은 근대적 가치도 함께 교육했습니다. 이는 수백 년간 유학을 학문의 근간으로 삼았던 조선 사회에 충격을 주었어요.

이곳에서 공부한 학생들은 훗날 독립운동가, 정치인, 교육자가 되어 대한민국의 기틀을 다졌습니다. 3·1운동의 주역 유관순 열사도 이화학당 출신이었죠. 외세의 침략 앞에 무력했던 조선이 희망을 품을 수 있었던 것은 정동에서 시작된 근대 교육 덕분이었습니다.

19세기 말의 정동은 조선의 앞날이 결정되는 역사의 소용돌이 한가운데 있었습니다. 외세의 침략과 내부의 개혁 요구가 맞물리며 새로운 시대를 향한 변화의 바람이 불었어요.

1894년 동학농민운동과 청일전쟁, 1895년 을미사변 등 연이은 사건으로 조선의 상황은 급박하게 돌아갔어요. 이런 혼란한 시기에 미

배재학당 동관.

국에서 서재필이 귀국합니다. 그는 12년 전 갑신정변이 실패한 뒤 망명했던 인물로, 미국에서 근대적 교육을 받고 돌아왔습니다. 고종은 서재필의 귀국을 반겼고, 그의 제안으로 1896년 4월 7일 우리나라 최초의 민간 신문이자 순한글 신문인《독립신문》이 창간됩니다.

한글로 발행된《독립신문》은 백성들도 쉽게 읽을 수 있었어요. 사람들은 신문에서 민주주의, 국민의 권리, 여성 교육의 중요성 등 전에 없던 근대적 지식과 사상을 접하게 되었고 이는 후에 독립협회가 활동하는 토대가 되었죠.

서재필은 이어 1896년 7월 2일 독립협회를 창립합니다. 독립협회는 조선의 근대화와 자주독립을 추구하며 여러 사업을 벌였어요. 그중 가장 상징적인 사업이 독립문 건립이었죠. 이는 청나라의 간섭에서 벗어나 자주독립 국가로 나아가겠다는 의지의 표현이었어요. 독립문 정초식에는 시민 수천 명이 모여 독립의 염원을 다졌습니다. 독립문 건립을 위해 전국에서 성금이 모였는데 이는 우리 민족의 '자주독립'을 향한 열망을 보여 주는 증거였습니다.

독립협회는 국권 수호 운동도 펼쳤어요. 1898년 러시아가 군함의 석탄 보급 기지로 거제도 앞바다의 절영도를 요구했을 때, 독립협회는 강력히 반대했습니다. 한성 시내에서 대규모 집회를 열어 국민의 의지를 모았고, 결국 러시아의 요구를 철회시키는 데 성공했죠.

독립협회의 가장 혁신적인 활동은 '만민공동회'였습니다. 일종의

독립문은 중국으로부터의 독립을 기념하기 위해 세운 기념물로,
지금은 근처에 세운 서재필 동상을 함께 볼 수 있다.

시민 의회로, 국정 현안을 토론하고 의견을 펼치는 장이었어요. 조선 역사상 처음으로 일반 국민이 정치에 참여하는 통로가 열린 거예요. 만민공동회는 현대의 국민 청원제나 시민 공청회의 원형이라고 볼 수 있어요. 때로 밤새도록 열띤 토론이 이어지기도 했죠. "우리도 이제 나라의 주인이다!" 이런 생각이 사람들의 가슴속에 싹텄습니다.

독립협회는 조선을 근대 국가로 만들기 위한 구체적인 개혁안도 제시했어요. 그중 핵심은 '입헌 군주제' 도입이었어요. 이는 국왕의 권력을 헌법으로 제한하고, 국민의 권리를 보장하는 정치 체제를 말합니다. 또한 '삼권 분립'을 주장했는데, 이는 입법, 행정, 사법 권력을 나누어 서로 견제하게 하는 제도입니다. 또한 과거제를 폐지하고 능력 위주로 인재를 등용하는 것을 주장했죠. 이런 주장들은 500년간 이어진 전제 군주제에 대한 도전이자, 양반 중심의 사회 구조를 깨뜨리려는 시도였습니다.

재정 개혁 요구도 빼놓을 수 없습니다. 독립협회는 국가 재정의 투명성을 높이고, 불필요한 지출을 줄이자고 주장했습니다. 특히 외국에서 들여온 차관을 어디에 썼는지 그 내역을 공개하라고 요구했죠.

이런 개혁 요구는 보수 세력의 강한 반발을 불러일으켰어요. 그들은 독립협회가 국가 체제를 위협한다며 비난했습니다. 고종도 독립협회를 경계하기 시작했습니다.

고종은 다른 방식의 근대화를 원했습니다. 황제권을 중심으로 한

전제 군주제를 유지하면서 위로부터의 개혁을 추진하고자 했습니다. 서구의 문물을 적극적으로 수용하면서도 전통적인 권력 구조는 지키려 한 것입니다. 고종과 독립협회는 모두 조선의 근대화와 자주독립을 꿈꿨지만 그 방식에는 차이가 컸어요. 결국 이 차이로 인해 1898년 말, 고종의 명령으로 독립협회는 강제 해산됩니다.

경운궁에서 덕수궁으로, 대한제국의 염원과 좌절

정동 거리를 따라 걷다 보면 대한제국 격동의 역사가 고스란히 담긴 경운궁(지금의 덕수궁) 돌담길을 마주하게 됩니다. 이 고즈넉한 돌담 안에는 고종이 머물던 경운궁이 자리 잡고 있습니다.

러시아공사관으로 피신했던 고종은 1년 뒤인 1897년 2월 20일, 경운궁으로 돌아옵니다. 당시 경운궁은 그리 크지 않은 궁궐이었지만 외국 공사관들이 밀집한 정동에 있었어요. 고종은 열강의 공사관 가까이에 거처를 마련해 만약의 사태에 대비하고자 했던 거예요.

환궁 이후 고종은 대한제국 선포를 준비합니다. 그리고 1897년 10월 12일, 고종은 경운궁에서 대한제국의 황제로 즉위합니다. 이를 통해 자주독립 국가임을 세계에 알리고자 했습니다.

대한제국 선포 이후, 경운궁에는 근대화를 상징하는 여러 서양식 건물이 들어섰습니다. 그중 가장 대표적인 것이 석조전입니다. 1900년에 착공해 1910년에 완공된 이 건물은 르네상스 양식의 위용을 자랑합니다. 고종은 이곳을 외국 사절 접견 장소로 사용했습니다.

석조전 옆의 정관헌도 주목할 만한 건물입니다. '고요히 바라보는 집'이라는 뜻의 이 2층 양옥 건물은 고종이 커피를 마시며 휴식을 취하던 곳입니다. 서양 문물을 적극적으로 수용하려 했던 고종의 모습을 보여 주는 상징적인 공간이지요.

근대화의 의지는 건물에 그치지 않았습니다. 1887년 경복궁에 이어 경운궁에도 전깃불이 켜졌습니다. 밤이면 칠흑같이 어두웠던 궁궐에 밝은 빛이 들어온 것입니다. 1902년에는 전화도 설치되었는데, 고종은 이 전화기로 각 궁과 정부 각 부를 연결해 정무를 보았다고 합니다. 이러한 변화는 당시 조선이 얼마나 빠르게 근대화를 추진하고 있었는지를 보여 줍니다.

1899년에는 대한제국의 수도, 한성의 교통에 큰 변화가 일어났어요. 바로 서대문에서 청량리까지 전차가 개통된 거예요. 이 전차의 속도는 시속 15킬로미터였어요. 전차의 등장은 거리의 풍경을 크게 바꾸었고, 사람들의 생활 반경을 넓히는 데 큰 역할을 했습니다.

또 고종은 경운궁을 수리하며 가로 정비를 했는데 이는 매우 중요한 의미를 지닙니다. 가장 눈에 띄는 변화로, 도로가 확장되었어

석조전은 왕가의 생활 공간이자, 귀빈의 접객 장소로 쓰였다. 지금은 일제가 미술관으로 개조하며 훼손했던 원형을 복원하여 대한제국역사관으로 활용하고 있다.

요. 당시 운종가(지금의 광화문사거리부터 동대문까지 동서로 이어진 길)와 남대문로의 폭을 55척(약 16.7미터)으로 정하며 토로를 크게 넓혔지요. 그뿐 아니라 도로 양옆의 불법 건축물인 가가假家를 정비하고, 도로를 자갈로 포장하는 등 도로를 크게 개선했죠. 또한 가로등을 설치해 밤에도 안전한 도시를 만들고자 했어요.

특히 주목할 만한 점은 경운궁을 중심으로 뻗어 나가는 방사형 도로망을 구축한 것입니다. 북쪽으로는 지금의 태평로를, 동쪽으로는 을지로를, 동남쪽으로는 소공로를, 남쪽으로는 남대문로를 정비했습니다. 이를 통해 경운궁의 위상을 높이고 효율적인 도시 구조를 만들고자 했지요.

가로 정비는 근대적 도시 계획의 기초가 되었을 뿐만 아니라 대한제국 수도의 면모를 쇄신하는 계기가 되었어요. 도로가 넓어지자 전차와 같은 근대적 교통수단의 도입이 가능해졌고, 거리가 정비되자 상업 활동이 더욱 활발해졌습니다.

하지만 고종의 근대화 노력은 열강의 이권 다툼 속에서 좌절되어 갔어요. 1904년, 러일전쟁이 발발합니다. 이 전쟁은 한반도의 지배권을 둘러싸고 러시아와 일본이 다툰 것입니다. 당시 국제 정세는 복잡했습니다. 영국과 미국은 일본을 지원했고, 러시아는 고립된 상태였습니다. 결국 일본이 승리를 거두면서 한반도에 대한 일본의 영향력이 더욱 커지게 됩니다.

러일전쟁 직후인 1905년 11월 17일, 경운궁 내 중명전에서 역사적인 사건이 일어납니다. 이날 밤, 일본 특사 이토 히로부미는 대한제국의 외교권을 빼앗는 조약 체결을 강요했습니다. 이른바 '을사늑약'입니다. 일본군이 경운궁을 에워싸고 있는 가운데, 다섯 명의 대신이 조약에 서명했지만 고종 황제는 끝까지 서명을 거부했습니다.

을사늑약의 주요 내용은 대한제국의 외교권을 일본이 대행한다는 것이에요. 사실상 대한제국의 독립국 지위를 박탈하는 내용이었죠. 또한 통감부를 설치해 일제가 대한제국의 내정에 간섭할 수 있는 권한도 부여했어요. 대한제국은 일본의 보호국으로 전락하고 맙니다. 고종은 이를 무효화하기 위해 필사적으로 노력했지만, 결국 1907년 7월 20일, 경운궁 석조전에서 강제로 퇴위됩니다. 이후 고종은 '태황제'라고 불리며 경운궁에 머물게 돼요. 고종의 뒤를 이어 순종이 즉위하는데, 새 황제가 창덕궁으로 거처를 옮기며 경운궁은 대한제국 중심 궁궐의 지위를 잃습니다. 이때 경운궁은 '덕수궁'으로 이름이 바뀌게 됩니다. '덕수德壽'는 '덕을 누리고 오래 사시기를 바란다'는 뜻으로, 태황제의 안녕을 바라는 마음을 담고 있습니다.

이 개칭은 겉으로는 고종에 대한 존경과 축원의 의미를 담고 있었지만, 실질적으로는 이 궁궐이 더 이상 국정의 중심이 아님을 나타내는 것이기도 했어요. 경운궁에서 덕수궁으로의 변화는 대한제국의 국권이 일본으로 넘어가는 현실을 보여 줍니다.

전기와 전화가 가져온
근대의 모습

1887년 3월 6일, 경복궁에 처음으로 전깃불이 켜졌습니다. 이는 에디슨이 백열전구를 발명한 지 불과 8년 만의 일로, 근대화에 대한 고종의 열망을 잘 보여 주는 사건이었어요. 그때까지 촛불이나 등잔불을 사용하던 사람들은 전깃불을 켜자 밤이 낮처럼 밝아진 것을 보고 놀라워했습니다.

경복궁 후원의 향원정 연못가에는 전기를 생산하려고 발전기를 설치했습니다. 이 발전기는 미국 에디슨 일렉트릭 라이트 컴퍼니에서 직접 수입한 것으로, 석탄을 연료로 사용해 향원정 연못 물을 끓이고, 그 증기로 터빈을 돌려 전기를 얻었습니다. 발전기가 돌아가는 소리가 너무 커서 마치 천둥이 치는 것 같았다고 합니다.

발전기를 계속 돌리다 보니 연못 물이 따뜻해져 물고기가 떼죽

향원정.

음을 당하기도 했어요. 이 때문에 궁궐에서는 전등을 '증어烝魚'라고 불렀는데, 이는 '물고기를 끓인다'는 뜻입니다.

초기의 전기 시설은 불안정해서 전깃불이 자주 꺼지곤 했습니다. 게다가 비용도 많이 들었죠. 전깃불이 제멋대로 들어왔다 나갔다 하는 모습이 마치 건달 같다고 해서 '건달불'이라는 우스갯소리도 생겼습니다.

그러나 전기의 편리함은 부정할 수 없었습니다. 전기의 보급으로 사람들은 밤에도 활동할 수 있게 되었고, 이는 생활 방식에 큰 변화를 불러왔죠. 1898년에는 서울 종로에 가로등이 설치되어 밤

길을 밝히기 시작했습니다.

　전화는 1897년 한성에 처음 도입되었습니다. 1898년에는 경운궁에 우리나라 최초로 전화가 설치되었는데, 신하들은 처음 보는 기계에서 고종의 목소리가 나오자 어찌할 바를 몰랐다고 해요. 심지어 고종에게서 전화가 걸려 오면 네 번 절을 하고 전화를 받을 정도로 예를 다했습니다.

당시 고종이 사용했던 것과 같은 모델의 스웨덴 에릭손사의 전화기.

　전화가 보급되며 '전화 교환수'라는 새로운 직업이 생겼습니다. 초기에는 남성들이 주로 담당했으나, 거친 말투와 불성실한 응대로 점차 여성으로 바뀌었어요. 1920년 이후에는 전화 교환수가 여성의 대표적인 직업으로 자리 잡았습니다. 경성 우편국의 전화 교환수 모집 요강을 보면, 15-24세의 일본어가 가능한 여성을 뽑았다고 합니다.

　전화는 때로 생명을 구하는 역할을 하기도 했습니다. 독립운동가 김구 선생이 사형되기 직전, 전화로 특사 소식이 전해지며 목숨을 구한 일화는 유명합니다.

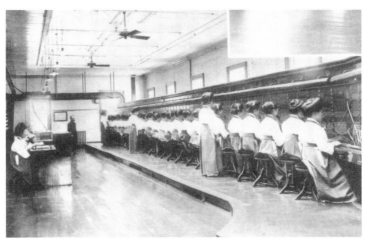
경성우편국의 전화 교환실 풍경.

하지만 전기와 전화의 혜택을 모든 사람이 똑같이 누릴 수는 없었습니다. 초기에는 주로 궁궐, 관청, 부유층 가정에만 설치되었고, 일반 대중이 이용하기까지는 오랜 시간이 걸렸어요. 1940년에 이르러서 일본인 가구는 거의 모두 전기를 사용할 수 있었던 반면 한국인 가구는 제한적이었습니다.

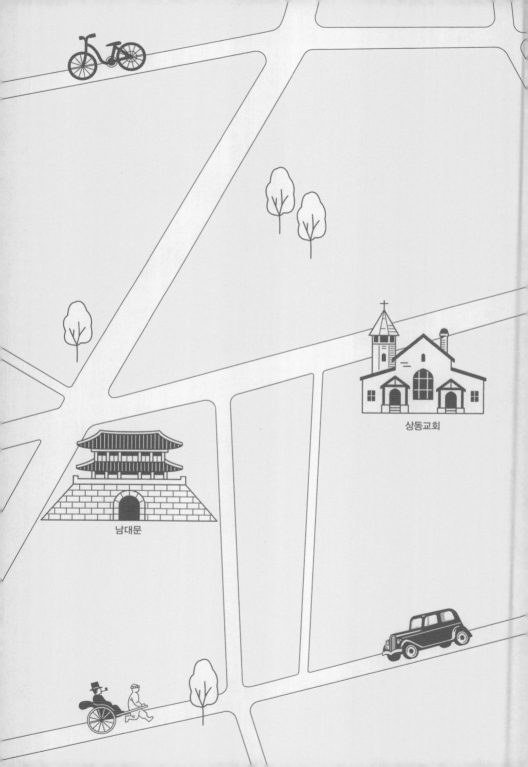

상동교회

남대문

2장

남대문 일대에서 시작된
독립의 불꽃

: 상동청년회, 정미의병, 신민회의 활약

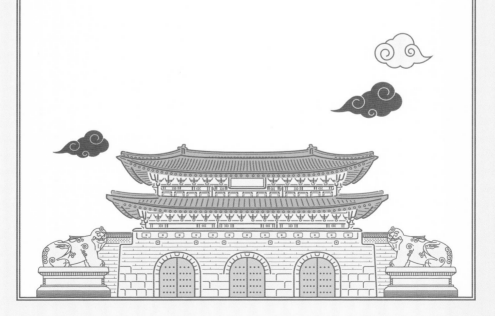

상동청년회와 헤이그 특사, 잃어버린 주권을 되찾기 위한 노력

1889년, 미국에서 온 선교사 스크랜턴이 남대문 근처에 작은 약국과 병원을 열었습니다. 이것이 바로 상동교회의 시작이었습니다.

그리고 약 8년 후인 1897년, 상동교회 안에 '상동청년회'라는 모임이 만들어집니다. 상동청년회는 민족 운동의 요람이라고 평가받을 만큼 한국 근대사에서 중요한 자리를 차지합니다.

상동청년회를 이끈 사람은 전덕기 목사였습니다. 그는 청소년들에게 우리나라의 역사와 문화를 가르치고, 나라를 사랑하는 마음과 독립을 위해 노력해야 한다는 생각을 심어 주었습니다. 많은 젊은이가 상동교회를 중심으로 모여 나라의 독립을 위해 힘썼지요.

상동청년회에는 후일 대한민국의 초대 대통령이 된 이승만, 독립협회에서 활약한 이상재, 대한민국임시정부의 국무총리를 지낸 이동휘 등이 다수 참여했습니다. 또한 을사늑약의 부당함을 알리려고 헤이그에 특사로 파견되었던 이준과, 독립운동의 상징적 인물인 백범 김구도 상동청년회와 관계가 있었다고 전해집니다.

1905년 11월 17일, 을사늑약이 체결되자 상동청년회는 즉각적인 반대 행동에 나섰어요. 회원들은 고종 황제에게 을사늑약의 부당성을 지적하고 이를 폐기해야 한다는 내용의 상소를 올리는 작업도 주도했어요. 나아가 을사늑약 체결에 관여한 다섯 명의 대신을 처단하려 했습니다. 안타깝게도 이러한 여러 시도는 큰 성과를 거두지 못했습니다. 그렇지만 상동청년회는 국내 저항 운동과 더불어 국제 사회에 을사늑약의 실상을 알리려는 노력을 멈추지 않았습니다.

그러던 중 1907년 초, 네덜란드의 수도 헤이그에서 만국평화회의가 개최될 예정이라는 소식이 전해졌습니다. 이 회의는 국제 분쟁의 평화적 해결 방안을 모색하기 위해 세계 각국의 대표들이 모이는 자리였어요. 을사늑약 이후 외교권을 빼앗긴 대한제국에 이는 한 줄기 희망의 빛과도 같았습니다.

고종은 이 회의가 을사늑약의 부당성과 대한제국의 독립 의지를 국제 사회에 호소할 수 있는 좋은 기회라고 판단했죠. 그러나 상황은 만만치 않았습니다. 일본은 이미 대한제국의 외교권을 장악하고 있었기 때문에 공식적인 경로로는 대표단을 파견할 수 없었습니다. 이에 고종은 비밀리에 특사를 선발하여 파견하기로 결심했습니다. 매우 위험했지만 나라를 지키려는 불가피한 결정이었습니다.

중대한 임무를 수행할 특사 중 한 명으로, 상소를 올렸던 당시 상동교회 청년회장 이준이 선발되었습니다. 고종은 이준을 비롯해 이상설, 이위종까지 세 명의 특사를 헤이그로 파견했습니다.

세 특사의 여정은 험난했습니다. 일본의 감시를 피해 중국, 러시아를 거쳐 유럽으로 향하는 긴 여정 동안 체포의 위험, 언어의 장벽, 경제적 어려움 등 연이은 난관에 부딪혔습니다. 세 특사는 서로 격려하고 조국의 독립이라는 대의를 다짐하며 크고 작은 고난을 극복해 나갔습니다.

마침내 헤이그에 도착한 특사들은 또 다른 현실의 벽에 부딪혔습니다. 일본은 이미 대한제국의 외교권을 장악했다는 이유로 특사들의 회의 참가를 강력히 반대했고, 대다수의 국가가 일본의 주장을 지지했습니다. 특사들은 공식적으로 회의장에 입장할 수 없었지요.

그럼에도 특사들은 성명서를 작성해 각국 대표들에게 배포하고, 언론을 통해 대한제국의 상황을 알리려 노력했습니다. 이 성명서에는 을사늑약의 불법성, 일본의 강압적 행위, 대한제국의 독립 의지 등이 상세히 쓰여 있었습니다. 또한 여러 신문사와 인터뷰를 하고

상동교회의 외양은 달라졌지만, 여전히 역사를 이어오고 있다.

글을 기고하며 국제 여론을 환기하려 했습니다.

헤이그 특사들은 여러 국가의 대표들과 개별 면담하여 대한제국의 입장을 설명했지만, 성과를 거두지는 못했습니다. 만국평화회의는 애초에 강대국들이 식민지 쟁탈 과정에서 부딪히는 이해관계를 조정하려는 목적으로 열린 회의였던 데다 일본의 방해 공작까지 더해졌기 때문이지요. 결국 이준 열사는 극도의 절망감과 죄책감 속에서 1907년 7월 14일 헤이그의 한 호텔에서 순국했습니다.

일본은 헤이그 특사 파견을 빌미로, 을사늑약에 위반하여 외교권을 행사하려 한 고종 황제에게 퇴위를 강요했습니다. 고종은 강압에 못 이겨 퇴위 대신 순종의 대리 청정을 명하지요. 그러나 일제는 왕위를 아예 넘기기를 바랐기에 고종과 순종 모두 불참한 양위식을 강행했어요. 이때 참석을 거부하는 고종과 순종을 대신해 환관을 대역으로 세웠다고 해요.

고종의 강제 퇴위는 을사늑약 이후 남아 있던 대한제국의 마지막 자주권이 사실상 완전히 상실되었음을 의미했습니다.

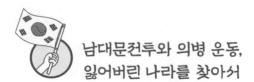

남대문전투와 의병 운동,
잃어버린 나라를 찾아서

서울 심장부에 우뚝 선 남대문(숭례문). 이곳은 우리 민족의 자존심과 독립을 지키려는 치열한 몸부림의 현장이었습니다. 1907년, 이곳에서 일어난 사건은 우리 역사의 가장 뜨거운 페이지를 장식하고 있죠.

1907년 7월 24일, 일본은 충격적인 정미7조약을 체결합니다. 이 조약의 내용은 대한제국의 주권을 완전히 박탈하는 것이었습니다.

정미7조약의 주요 내용은 이렇습니다.

1. 대한제국 정부는 모든 중요한 일에 대해 일본 통감의 지도를 받아야 한다.
2. 대한제국의 법률 제정과 중요한 행정 처분에 통감의 승인이 필요하다.
3. 대한제국의 고위 관리 임명에 통감의 동의가 필요하다.
4. 일본인을 대한제국의 관리로 임명할 수 있다.
5. 대한제국 정부는 통감의 동의 없이 외국인을 고용할 수 없다.

이 조약으로 대한제국은 사실상 독립 국가로서의 기능을 모두 상실합니다. 일본의 간섭 없이는 어떤 중요한 결정도 내릴 수 없게 된 것이죠.

정미7조약 비밀 각서에는 더 충격적인 내용이 있었어요. 바로 군대 해산령이었죠. 말 그대로 대한제국의 군대를 강제로 해산시키겠다는 내용이었습니다.

군대 해산령이 정미7조약의 본문이 아닌 비밀 각서에 포함된 이유는, 이 조치가 충격적이기 때문이었습니다. 한 나라의 군대를 해산한다는 것은 그 나라의 주권을 완전히 부정하는 행위였기 때문에, 일본은 이를 공개적으로 드러내지 않으려 했던 것입니다.

1907년 8월 1일, 운명의 날이 밝았습니다. 이날 아침 7시, 일본군 사령관은 한국군 지휘관들을 불러 군대 해산 조칙을 전달했어요. 그리고 오전 10시까지 병사들을 훈련원에 집결시켜 해산식을 거행하려고 했죠.

하지만 일제의 계획대로 되지 않았어요. 해산 명령을 전해 받은 황제 근위 부대인 시위대의 제1연대 제1대대장 박승환이 절망과 분노 끝에 자결했기 때문이에요. 이 소식을 들은 병사들은 분노에 휩싸였습니다. 무기고로 달려가 무기를 쥐고는 일본군을 향해 총을 쏘기 시작했죠.

오전 9시 30분, 남대문 부근에서 첫 총성이 울리며 남대문전투의 막이 올랐습니다. 남대문을 중심으로 사방에서 전투가 벌어졌어요. 일본군은 미리 배치해 둔 병력을 동원해 대응했습니다. 거리는 순식간에 전쟁터로 변했고, 총성과 함께 연기가 자욱했습니다.

일본군은 처음에는 당황했지만, 곧 대규모 병력을 동원해 대응했

1907년, 일본 황태자 요시히토의 방문을 위해 일제는
남대문의 좌우 성벽을 허물고 길을 냈다.

습니다. 남대문 위에 기관총을 설치하고 시위대를 향해 집중 사격을 가했습니다. 기관총의 끊임없는 총성이 남대문 일대를 뒤덮었고, 시위대 군인들은 엄청난 화력에 맞서 싸워야 했습니다.

시위대는 용감하게 싸웠지만, 무기와 병력 면에서 열세였습니다. 일본군은 이미 군대 해산에 대비해 철저히 준비하고 있었거든요. 통감 이토 히로부미는 본국에 요청해 추가 병력을 배치했고 최신식 무기도 대량으로 들여온 상태였습니다.

전투는 해 질 무렵까지 계속되었습니다. 시위대 중 일부는 성 밖으로 빠져나가 의병으로 합류했고 또 다른 이들은 끝까지 싸우다 장렬히 전사했습니다. 남대문 거리 곳곳이, 시위대 군인들이 흘린 피와 총구에서 나온 연기로 뒤덮였습니다.

일본군의 기록에 따르면 시위대 중 68명이 전사하고 90명이 부상을 입었으며 포로로 붙잡힌 군인은 560명에 달했습니다. 반면 일본군은 전사자 4명, 부상자 20여 명으로 피해가 적었지요.

남대문전투는 하루 만에 끝났지만 그 영향은 오래도록 지속되었습니다. 전투 이후 해산된 군인들이 각지로 흩어져 의병대에 합류하면서 의병의 전투력은 크게 향상되었습니다. 이들은 군사 경험을 바탕으로 의병들을 훈련하고 지휘했죠.

의병의 활동 영역도 넓어졌습니다. 산악 지역에 국한되었던 활동이 평야 지대로 확대되었고, 게릴라식 전술을 채택해 일본군에 더 큰 타격을 주었습니다. 일본군 주둔지와 경찰서를 공격하고, 철도와 전선을 파괴하는 등 적극적인 항일 활동을 펼쳤지요. 이렇게 일어난 의병을 '정미의병'이라고 부릅니다.

의병들은 산과 들을 누비며 일제에 맞섰습니다. 한편 도시의 지식인들은 또 다른 방식으로 저항을 이어 갔습니다. 신민회와 같은 비밀 결사를 조직해 민족의식을 높이고 독립의 토대를 다졌습니다. 이들은 학교를 세우고 신문을 발행하며 계몽 운동을 펼쳤고, 독립운동의 기틀을 마련했습니다.

신민회, 항일 비밀 결사

1907년 8월 1일, 치열한 남대문전투의 한가운데에서 군인들을 격려하고 부상자들을 돌보며 바쁘게 움직이는 이가 있었습니다. 바로 안창호였습니다. 그의 눈에는 분노와 결의가 가득했죠. 안창호는 새로운 독립운동 방법이 필요하다는 것을 절감했습니다.

1907년 어느 날, 비밀 모임이 열렸습니다. 안창호를 중심으로 양기탁, 이동녕, 이승훈, 전덕기 등 당대 지식인들이 상동교회에 모여 독립을 위한 열띤 토론을 펼쳤습니다. 이것이 바로 신민회의 첫 모임이었습니다.

신민회는 일제를 몰아내는 것을 넘어 '신민新民', 즉 새로운 국민을 만드는 것을 목표로 삼았습니다. 그들이 꿈꾸는 새로운 국민은 근대적 지식과 기술을 갖추고 강한 민족의식을 지닌 사람이었죠.

안창호는 신민회의 핵심 인물이었습니다. 미국 유학을 마치고 돌아와 그는 29세의 나이에 신민회를 창립했습니다. 안창호는 '자강自強'을 외치며 교육과 산업 발전으로 나라의 힘을 기르자고 주장했습니다. 그의 말과 행동은 많은 사람에게 영감을 주었고 신민회의 지향점을 제시했습니다.

언론인 출신인 양기탁도 신민회에서 중요한 역할을 했습니다.《대한매일신보》의 논설위원으로 일하면서 날카로운 펜으로 일제를 비판했죠. 신민회에서 그는 언론 경험을 살려 대중과 소통했습니다. 양기탁의 글은 많은 사람의 민족의식을 일깨우는 데 큰 역할을 했지요.

한편 이동휘는 말보다는 행동이 중요하다고 강조했죠. 후에 대한민국임시정부에서 국무총리를 지낸 이동휘의 강직한 성격과 결단력 있는 행동은 신민회에 활력을 불어넣었습니다.

이승훈은 교육자로서 신민회의 이념을 실천한 인물입니다. 그는 평안북도 정주에 오산학교를 세워 민족 교육의 요람으로 만들었죠. 오산학교에서는 근대 지식뿐만 아니라 민족의식도 함께 가르쳤습니다. 이승훈의 교육 활동은 신민회가 추구한 '신민' 양성의 실제적인 모습이었습니다.

이회영도 신민회의 중요한 구성원이었습니다. 이회영과 형제들은 가문의 전 재산을 팔아 만주에 신흥무관학교를 세우는 데 기여했죠. 이들의 헌신적인 모습은 사람들에게 감동을 주었고, 독립운동에 대한 의지를 더욱 굳건하게 만들었습니다.

신채호는 역사학자이자 문필가로, 신민회의 이념에 큰 영향을 받았습니다. 뛰어난 필력으로 민족의식을 고취하는 글을 많이 썼죠. 그의 글은 사람들의 가슴에 애국심을 불태웠습니다.

1911년, 신민회에 큰 시련이 닥쳤습니다. 일제가 날조한 '105인사건'으로 일제 경찰과 검찰은 신민회 주요 인사들을 포함해 민족 지도자 600여 명을 체포했습니다. 이들 중 105명을 기소했는데, 이것이 '105인사건'이라고 불리는 이유입니다.

일제가 조작한 이 사건의 발단은 안중근의 사촌 동생인 안명근의 '안악사건'이었습니다. '안악'은 황해도의 지명으로 김구가 교사로 학생들을 가르치던 양산학교가 있던 곳이기도 하지요. 안명근은 1910년 11월 압록강 이북 지역을 이르는 서간도에 무관 학교를 세우기 위해 자금을 모으다 체포되었습니다. 일제는 그가 신민회의 명령을 받았다고 조작해 이를 빌미로 안악 지역의 애국지사들을 대거 체포해 고문하고 재판에 넘겼습니다. 체포된 사람들은 징역을 선고받

거나 유배되었으며, 재판 전 신문 과정에서 가혹한 고문으로 목숨을 잃기도 했습니다.

혐의를 조작해 독립운동가들을 체포할 수 있다고 생각한 일제는 여기서 그치지 않고 신민회의 이승훈 등이 조선총독부 총독이었던 데라우치 마사타케를 암살하려 했다고 거짓으로 꾸며 신민회의 주요 독립운동가들을 대규모로 체포했습니다.

1912년 6월 28일, 경성지방법원에서 처음 진행된 재판은 1913년 10월 9일까지 다섯 차례 지속되었습니다. 결국 123명 중 105명에게 실형이 떨어져 이 사건을 '105인사건'이라 부르게 되었습니다. 그러나 105명은 고등법원에 항소했습니다. 항소심에서 105인 중 99명은 무죄 판결을 받았고, 양기탁을 비롯한 여섯 명은 유죄 판결을 받았습니다.

105인사건으로 신민회는 뿔뿔이 흩어지게 되었지만 그 정신은 사라지지 않았습니다. 오히려 더 강력한 독립운동의 불씨가 되었죠. 신민회 출신 인사들은 각지로 퍼져서 새로운 독립운동 단체를 만들었습니다.

신민회의 유산은 대한민국임시정부로 이어졌습니다. 임시 정부의 요직을 신민회 출신들이 맡았고, 신민회의 이념은 임시 정부의 기본 정신이 되었습니다. 또한 의열단, 한국광복군 등 다양한 독립운동 단체들도 신민회의 정신을 계승했습니다.

상동청년회의 열정적인 독립운동, 헤이그 특사의 처절한 외교 노력, 군인들의 장렬한 항거, 그리고 신민회의 새로운 독립운동에 이르기까지, 모두 남대문을 중심으로 이루어졌어요. 남대문은 우리 민족의 자주독립을 향한 꿈과 투쟁의 중심지였습니다.

머리부터 발끝까지
경성의 변신

1895년 한성의 풍경은 점차 달라졌습니다. 고종이 내린 '단발령' 때문이었죠. 조선시대 성인 남자의 상징이었던 상투를 잘라야 한다는 명령에 조선인들은 경악했습니다. 선비들은 크게 반발했지요.

하지만 시간이 흐르면서 머리를 자르는 것에 거부감이 줄어들었습니다. 단발령 이후, 한성 거리에는 새로운 가게가 생겨났습니다. 바로 이발소였죠. 1895년에는 일본인이 운영하는 '개화당제조소'가 문을 열었습니다. 이발소에 이런 이름이 붙은 이유는 머리를 깎는 것이 서양식 문물을 받아들이는 '개화'를 상징한다고 여겼기 때문입니다. 얼마 지나지 않아 1901년에는 한국인이 운영하는 첫 이발소 '동흥이발소'가 인사동에 문을 열었습니다. 이발소는 빠르게 늘어나 1915년에는 서울에만 226개나 있었다고

1930년대 태평통에 있던 부민이발관의 모습.

합니다.

　이발소에서는 머리를 자르는 것뿐만 아니라 염색도 했습니다. 재미있게도 1903년대 염색약 광고로 백발을 검은 머리로 바꾸고 영원히 변하지 않는다고 하는 '백발환흑' 광고가 있었다고 해요. 지금 들으면 믿기 어려운 광고지만, 당시 사람들에게는 새로운 희망으로 다가왔을지도 모릅니다.

　머리 모양만 바뀐 게 아닙니다. 옷도 크게 바뀌었죠. 양반들이 입던 도포가 사라지고, 그 대신 두루마기가 널리 퍼졌습니다. 1884년부터 1895년 사이에 고종은 몇 차례 의제 개혁(의복에 관한 제도)을 단행했는데, 이에 따라 신분과 성별에 관계없이 누구나 두루마기를 입을 수 있게 되었습니다. 옷으로 신분을 구분하던 사회가 변하기 시작한 겁니다.

여성들의 옷차림도 크게 바뀌었습니다. 외출할 때 얼굴을 가리던 쓰개치마가 사라졌고, 그 대신 우산이 유행했죠. 새 각시 검정 우산 하나 못 사 갈 놈이라는 말이 생길 정도로 우산은 필수품이 되었습니다. 저고리도 변화했는데 한때 짧아졌던 저고리가 다시 길어졌습니다.

1890년대 이후, 경성 거리에는 '신여성'이라 불리는 새로운 스타일의 여성들이 나타났습니다. 검정 치마에 흰 두루마기, 그리고 구두를 신은 모습이었죠. 이들은 '양장 미인'이라고도 불렸습니다. 이런 모습은 당시로서는 매우 파격적이었기에 사회적으로 큰 화제가 되었습니다.

이렇게 경성 사람들의 모습은 머리부터 발끝까지 크게 바뀌었습니다. 겉모습의 변화뿐 아니라 사람들의 생각과 생활 방식도 함께 달라져 갔죠. 전통과 새로운 문화가 만나 독특한 경성 풍경을 만들어 갔습니다. 이발소의 등장, 의복의 변화, 새로운 스타일의 탄생은 모두 근대화의 물결 속에서 경성이 겪은 변화의 한 단면이었습니다. 이런 변화 속에서 경성 사람들은 때로는 당황하고, 때로는 즐기며 새로운 시대를 맞이했을 것입니다.

근대식 복장을 한 경성 사람들의 모습.
전통식 옷차림에 학생 모자, 신발, 우산 등이 눈에 띈다.

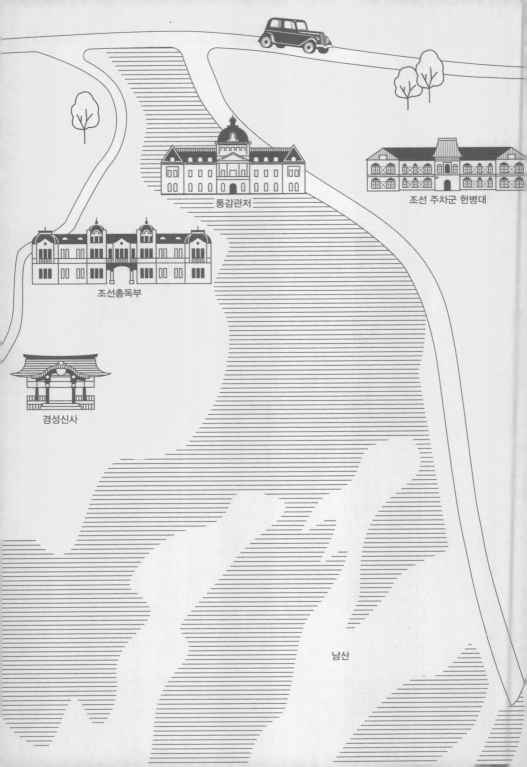

통감관저

조선 주차군 헌병대

조선총독부

경성신사

남산

3장

남산에 설치한
무단통치 시기 일제 기관

: 통감관저와 조선헌병대가 심은 공포심

대한제국의 마지막을 기억하다, 통감관저

통감관저의 역사는 1880년대로 거슬러 올라갑니다. 당시 일본은 조선과의 관계를 강화하기 위해 한성에 공사관을 설치했습니다. 처음에는 서대문 밖에 있었는데 1882년 임오군란 때 불타 버렸어요. 그 후 교동의 운현궁 앞으로 옮겼지만 1884년 갑신정변 때 또다시 불에 탔습니다.

일본은 이를 빌미로 조선에 배상을 요구했고, 1885년 1월 9일 한성조약이 체결되었습니다. 이 조약으로 조선은 일본에 남산 북쪽 기슭의 땅을 제공해야 했습니다. 일본은 이곳에 새로운 공사관을 지었고, 이 건물이 나중에 통감관저로 쓰입니다. 일본공사관 시절에도 이 곳은 조선을 위협하는 장소였어요. 대한제국 황제의 전권을 위임받은 특명전권공사이자, 1895년 을미사변을 지휘한 미우라 고로가 바로 이 건물에 있었습니다.

1894년 청일전쟁에서, 1904년 러일전쟁에서 승리한 일본은 더욱 드러내 놓고 조선을 집어삼키려 했어요. 1905년, 일본은 기어이 조선의 외교권을 빼앗는 을사늑약을 강제로 체결했습니다.

을사늑약 직후, 일본은 서둘러 통감부를 설치했습니다. 통감부는 겉으로는 대한제국의 외교를 돕는 기관이라고 했지만, 실제로는 우리나라를 식민지로 만들기 위한 거점이었죠. 초대 통감으로는 이토 히로부미가 임명되었습니다. 이후 남산의 일본공사관 건물은 통감관저로 용도가 바뀌었습니다.

1910년 8월 22일, 한성의 하늘은 무겁기만 했습니다. 이날은 대한제국의 운명이 바뀌는 비극적인 날이었어요. 순종 황제는 창덕궁의 흥복헌으로 자리를 옮겼습니다. 중대한 회의가 열릴 예정이었어요.

흥복헌 회의에는 이완용이 와 있었습니다. 그는 을사늑약을 주도적으로 이끈 인물이었죠. 중요한 사안을 다루었지만 회의는 조용히 진행되었습니다. 회의라는 절차만 따랐을 뿐, 모든 결정이 끝난 형식적인 겉치레였기 때문입니다. 순종 황제는 이미 모든 권력을 빼앗긴 상태였습니다.

통감관저 건물은 처음에 일본공사관으로 사용되다가 통감관저를 거쳐 총독관저로
쓰였으며 지금은 아래 사진처럼 그 터만 남았다.

그날 오후 네 시, 통감관저의 문이 열렸습니다. 국가를 대표하는 권한을 위임받아 전권 위원이 된 이완용과 일본의 통감 데라우치 마사다케가 들어섰습니다. 두 사람은 조용히 방으로 들어가 문을 닫은 뒤, 한 나라의 운명을 결정짓는 서류에 도장을 찍었습니다.

두 사람이 한일병합조약에 서명하며 대한제국은 공식적으로 일본에 합병되었습니다.

통감관저에서 조약이 체결되는 동안, 이미 이완용에게 황제로서의 전권을 위임한 순종은 아무것도 할 수 없었습니다. 그는 단지 나라가 일본에 넘어가는 것을 지켜볼 수밖에 없었습니다. 이후 순종은 일본 천황에게 '이왕' 작위를 받아 사실상 일본 황실의 아래로 들어가게 되었습니다.

8월 29일 한일병합조약이 공포되면서 일본의 식민지가 된 대한제국은 이후 35년간 일본의 지배를 받게 됩니다. 이날은 우리 역사에서 무척 슬픈 날 중 하나로, 나라가 수치를 당했다 하여 '국치일'로 기억되고 있습니다.

1910년 한일 강제 병합 이후 통감관저는 총독관저로 이름이 바뀌었다가 1945년 해방 이후에는 건물이 아예 철거되었습니다. 그 자리에는 56페이지 아래 사진처럼 통감관저 일대의 터를 일부 복원했고, 위안부 기억의 터, 거꾸로 세운 동상 등 답사할 수 있는 공간을 만들어 놓았습니다.

통감관저 터에 있는 조형물 중 하나인 '거꾸로 세운 동상'의 주인 공은 하야시 곤스케라는 일본 외교관으로, 을사늑약 체결을 강요하 는 등 조선을 침략하는 데 앞장선 인물입니다. 원래 이 동상은 일제 가 하야시의 공적을 기리기 위해 세운 것이었어요. 해방 이후 동상 은 시민들의 손에 파괴되었고, 남은 파편들은 방치되어 왔는데 광 복 70주년에 서울시에서는 이를 표석으로 만들어 거꾸로 세워 놓았 습니다. 일제의 만행을 규탄하고, 역사를 잊지 않겠다는 의지를 보여 주는 조치였죠.

일제의 무단통치와 한국인의 저항, 조선 주차 헌병대 사령부

우리나라 근현대사에서 가장 어두운 시기인 일제강점기, 그중에 서도 초기 10년간의 무단통치 시기(1910년 8월 29일 한일병합조약 체결 이후부터 1919년 3·1운동까지의 시기)는 한국인들에게 깊은 상처를 남 겼습니다. 이 시기 일제의 강압적 통치를 상징하는 기관이 바로 조 선헌병대의 본부인 조선 주차 헌병대 사령부였습니다. 이 기관은 오 늘날 서울 남산골 한옥 마을에 있었습니다.

조선헌병대의 역사는 1896년으로 거슬러 올라갑니다. 당시 을미

조선 주차 헌병대 사령부 터는 남산골 한옥마을로 조성되었다.
사진은 한옥마을 입구와 내부 풍경.

의병이 일어나자 일본은 이를 진압하기 위해 임시 헌병대를 파견했습니다. 그렇게 일본 헌병의 주둔이 시작되었어요. 1904년 러일전쟁이 발발하자 일본은 한국을 전략적 요충지로 여기고 본격적으로 헌병대를 주둔시켰습니다. 1910년 한일 강제 병합과 함께 이 헌병대는 '조선헌병대'로 개편되었고, 그 본부인 조선 주차 헌병대 사령부가 남산에 설치되었습니다.

조선 주차 헌병대 사령부는 단순한 군사 시설이 아니었습니다. 이곳은 일제의 식민 통치를 위한 핵심 기관이었어요. 일제는 '헌병경찰제'를 도입해 경성 곳곳에 헌병을 배치했습니다. 이들의 역할은 다양했습니다.

오늘날 우리가 알고 있는 '헌병'은 군인들 사이의 질서를 지키는 군사경찰이지만 일제강점기의 헌병은 완전히 달랐습니다. 그때의 헌병은 군사 업무뿐만 아니라 시민의 삶까지 들여다보는 경찰 역할도 했어요. 그래서 '헌병경찰제'라고 부르죠.

이들은 경찰처럼 범죄 수사, 치안 유지, 학교 감시, 위생 관리까지 했습니다. 군인인데도 마치 경찰처럼 한국인들을 감시했던 거예요. 이는 세계적으로도 매우 특수하고 강압적인 식민 통치 방식이었습니다.

군사 업무로는 치안 유지와 독립운동 탄압을 담당했고, 경찰 업무로는 일반 범죄 수사와 예방을 맡았습니다. 그뿐만 아니라 행정 업무로 세금 징수, 위생 관리, 교육 감시를 맡았고, 독립운동가들의 동향을 파악했습니다.

헌병경찰제의 가장 큰 특징은 군인인 헌병이 일반 경찰 업무를 수행한다는 점이었습니다. 이는 전 세계적으로도 유례를 찾아보기 힘든 제도였죠. 무단통치 기간에 일본 헌병은 재판 없이 징역 또는 벌금을 부과할 수 있었습니다. 1912년 「조선태형령」을 시행한 뒤로는 징역과 벌금을 대신해 태형이라는 가혹한 형벌을 집행할 수 있었고요.

태형은 쇠로 만든 매로 엉덩이를 때리는 형벌로, 50대만 맞아도 목숨을 잃을 수 있을 정도로 잔인했습니다.

또한 헌병은 잡아들인 항일 인사들을 고문했는데, 고문에 사용한 도구가 20여 종이나 되었다고 합니다. 이렇게 헌병을 통한 통치는 몹시 강압적이고 폭력적이었습니다. 한국인들의 일상은 헌병의 감시 아래 놓여 있었습니다. 길을 걷다 헌병을 만나면 공포에 떨어야 했지요.

1919년, 이러한 억압은 3·1운동으로 폭발했습니다. 전국에서 만세 시위가 일어났고 일제는 잔혹하게 대응했습니다. 비폭력으로 저항하던 시위대를 조선헌병대를 앞세워 무자비하게 진압했지요. 그 과정에서 수많은 민간인이 희생됐습니다.

'제암리 학살 사건'은 이러한 잔혹한 탄압의 대표적인 예입니다.

1919년 4월 15일, 경기도 화성군 제암리. 아리타 도시오 중위가 이끄는 조선헌병대가 이 마을에 들이닥쳤습니다. 헌병대는 주민들을 제암리의 교회로 불러 모았습니다. 영문을 모른 채 주민 30여 명이 교회에 모였죠.

몇 가지 형식적인 질문 후, 아리타 중위의 사격 명령이 떨어졌습니다. 순식간에 교회는 학살 현장이 되었습니다. 15세 이상 남성 24명을 포함해 총 35명의 무고한 사람이 그 자리에서 목숨을 잃었습니다.

조선헌병대의 만행은 여기서 그치지 않았습니다. 증거를 없애기 위해 교회에 불을 질렀고, 이 불은 마을 전체로 번져 가옥 서른한 채를 모두 태워 버렸어요. 헌병들은 심지어 희생자들의 시신마저 불태워 가족들이 수습조차 하지 못하게 했습니다.

이 끔찍한 사건은 캐나다인 선교사 프랭크 스코필드의 용기로 세상에 알려지게 됩니다. 한국명 석호필로 알려진 그는 위험을 무릅쓰고 현장을 방문해 증거를 수집하고 이를 국제 사회에 폭로했어요. 스코필드의 활약으로 일제의 만행이 세계적으로 알려지자, 일본 정부는 마지못해 아리타 중위를 체포해 군사 재판에 회부했습니다. 하지만 형식적인 절차에 불과했고, 얼마 지나지 않아 아리타는 무죄로 풀려났습니다.

그러나 일본의 식민 통치에 대한 국제적 비난과 우리나라 사람들의 거센 저항 앞에 일제는 결국 표면적으로나마 통치 방식을 바꿀 수밖에 없었습니다. 1919년 3·1운동 이후 일제는 무단통치의 한계를 인식하고 이른바 '문화통치'로 정책을 바꾸었습니다. 군인인 헌병이 민간의 치안 업무도 담당하도록 하는 헌변경찰제가 폐지되고 오늘날 순경처럼 순사들이 치안 업무를 보도록 하는 보통경찰제가 도입되었지요.

하지만 겉모습만 바뀐 것일 뿐 일제는 여전히 억압적이었습니다. 전국 곳곳에 경찰서와 파출소가 들어섰고, 경찰 수는 세 배나 늘어 더욱 촘촘한 감시망이 세워졌습니다. 통치 방식은 변했을지 모르지만, 한국인을 억압하고 착취하려는 그들의 본질은 변하지 않았죠.

그러나 계속된 억압 속에서도 한국인들의 독립에 대한 열망은 꺾이지 않았습니다. 오히려 더욱 강해졌죠. 3·1운동 이후 독립운동은 더욱 조직화되고 체계화되었습니다. 국내뿐만 아니라 만주, 연해주, 미국 등 해외에서도 독립운동이 활발히 펼쳐졌습니다. 김구, 안창호, 이동휘 등의 독립운동가들은 대한민국임시정부를 수립하고 독립을 위해 노력했습니다.

한성에서 경성으로, 근대 도시의 탄생

　1910년 8월 29일, 한성은 경성이 되었습니다. 일제는 경성을 자신들의 입맛대로 바꾸기 시작했어요. 도시를 나누고, 길을 넓히고, 건물을 세우면서 경성은 빠르게 변해 갔죠.

　청계천을 경계로 도시는 둘로 나뉘었습니다. 남쪽의 남촌은 일본인들의 동네였습니다. 지금의 충무로, 명동, 을지로 일대에 해당하는 이곳은 '작은 동경'이라 불렸습니다. 수도, 전기, 가스 같은 근대적 시설이 설치되었고, 번화한 상점들이 즐비했습니다. 지명마저 일본식으로 바뀌어 충무로는 '혼마치(본정)', 명동은 '메이지초(명치정)', 을지로는 '고가네마치(황금정)'로 불렸습니다.

　반면 북촌은 종로를 중심으로 한 한국인들의 동네였어요. 한옥이 빼곡히 들어선 이곳은 여전히 우물물을 길어 쓰고 장작을 땠

사진 속 혼마치(본정)는 지금의 조선은행 앞 일대로,
가장 번화했던 경성의 모습을 확인할 수 있다.

어요. 한 도시 안에서 완전히 다른 삶이 펼쳐졌죠.

　1920년대 경성의 거리는 새로운 교통수단으로 북적였습니다.
1894년 처음 등장한 인력거는 경성의 대표적인 교통수단이 되었
어요. 1920년대 후반부터 자동차가 급증했습니다.

　특히 주목할 만한 것은 자전거를 이용한 배달 문화였습니다.
1920년대 경성 사람들은 저녁 식사를 배달 설렁탕으로 해결하
는 경우가 많았습니다. 배달부들은 한 손으로는 핸들을, 다른 손
으로는 쟁반을 들고 곡예하듯 달렸습니다. 설렁탕뿐만 아니라 냉
면, 중국 음식도 배달되었어요.

경성 자동차 상회에서 판매했던 자동차.

1928년에는 경성부영버스가 등장했습니다. 20인승 버스 10대로 시작한 버스 노선은 경성역에서 남대문, 광화문으로 이어졌습니다. '뻐스 걸'이라 불린 여성 버스 안내원들은 새로운 시대의 상징이 되었습니다. 1931년에는 관광객을 위한 경성 투어 버스도 운행되었어요.

1930년대에는 아파트라는 새로운 주거 형태가 등장했습니다. 1930년 미쿠니상사가 지은 3층짜리 공동주택에서 처음으로 '아파트'라는 이름이 사용되었습니다.

특히 흥미로운 것은 채운장아파트였습니다. 1936년 완공된 이 아파트는 '경성의 물랭루주'를 꿈꾸며 지어졌습니다. '다채로운 색의 구름과 같은 집'이라는 뜻의 이 아파트는 긴 굴뚝 끝에 물을 퍼 올리는 풍차까지 설치되어 있었습니다.

당시 아파트에는 은행원, 회사원, 공무원 등 새로운 중산층이 살았습니다. 특히 직장 여성들이 많이 살아 '아파트 걸'이라는 말도 생겼습니다. 물론 한국인 대부분은 가난한 생활을 이어 갔지요.

1936년에는 영등포 등 주변 지역이 경성으로 편입되면서 도시
는 더욱 커졌습니다. 1910년 약 24만 명이던 인구는 70만 명을 넘
어섰습니다. 영등포에는 방직 공장, 맥주 공장, 화약 공장이 들어
섰고, 용산에는 철도용품을 제조하고 철도 차량을 수리하는 공작
창工作廠이 들어섰어요.

하지만 이러한 근대화는 식민 지배를 위한 것이었어요. 도시 발
전의 혜택은 대부분 일본인에게 돌아갔고, 한국인들은 차별 속에
서 살아야 했습니다. 경성의 근대화는 식민지 수탈을 위한 도구
였던 것이죠.

경성우편국에서 우편배달에 사용하던 자동차.

천도교 중앙 대교당

조선중앙일보

종로경찰서

중앙 YMCA 회관

탑골공원

4장

경성에서
전국으로 퍼져 나간
만세 소리

: 3·1운동부터 임시정부 수립까지

3·1 운동,
경성에 울려 퍼진 뜨거운 함성

　1910년 한일 강제 병합 이후, 일제의 가혹한 무단통치 아래에서
도 우리 민족의 독립과 자유를 향한 열망은 꺼지지 않았습니다. 이
러한 상황에서 1918년, 제1차 세계대전이 연합국의 승리로 끝나면서
새로운 희망의 불씨가 피어올랐어요. 미국의 윌슨 대통령이 전후 세
계 질서의 원칙으로 '민족자결주의'를 주장한 것입니다. 이는 각 민
족에게 자신의 운명을 스스로 결정할 권리가 있다는 원칙으로, 한국
을 비롯한 세계 각국의 식민지 민족들에게 독립에 대한 열망을 드높
였습니다.

윌슨이 민족 자결주의를 발표하자, 국내외 독립운동가들은 이를 독립을 쟁취할 절호의 기회라 여겼어요. 이들은 이 기회를 놓치지 않고 세계에 한국의 독립 의지를 알리고자 했습니다. 이러한 국제 정세의 변화 속에서 민족의 독립 의지를 더욱 고조시킨 사건이 발생했습니다. 1919년 1월 22일, 고종이 갑작스럽게 승하한 것입니다.

고종의 서거로 전 국민은 큰 충격에 빠졌습니다. 특히 평소 건강했던 고종이 갑자기 세상을 떠나자 독살당했다는 이야기가 나왔어요. 많은 사람이 일제가 고종의 식혜에 독을 타 독살했다는 소문을 믿었고, 이는 국민적 애도와 분노를 동시에 불러일으켰어요.

이러한 배경 속에 민족 지도자들과 학생들을 중심으로 독립운동 계획이 은밀히 진행되었고, 마침내 1919년 3월 1일, 만세의 물결이 일었습니다.

1919년 3월 1일 오후 두 시, 경성 중심가에 위치한 태화관에서 역사적인 순간이 펼쳐졌습니다. 민족 대표 33인 중 스물아홉 명이 이곳에 모여 독립 선언식을 거행했습니다. 우리나라가 일본의 종속국이 아닌 독립국임을 선포했지요. 이들은 독립선언서를 낭독한 후 경찰에 연락해 스스로 체포되었어요.

같은 시각, 탑골공원에서는 또 다른 역사의 한 장면이 시작되고 있었습니다. 민족 대표들의 독립 선언을 기다리던 학생들과 시민들은 독자적으로 행동에 나섰습니다. 한 학생이 독립선언서를 낭독했고, 이어서 수천 명의 군중이 거리로 쏟아져 나왔습니다.

시위가 확산되면서 보신각 앞은 독립을 외치는 사람들로 가득 찼습니다. 종로의 중심에 위치한 보신각은 오랫동안 우리 민족에게 상징적인 장소였는데, 이날 이곳은 독립의 열망을 온 세상에 알리는 중심지가 되었습니다. 수많은 사람이 모여 태극기를 흔들며 독립 만세를 외쳤고, 그 소리는 경성 하늘을 뒤흔들었습니다.

한편 남대문역 앞에서도 뜨거운 시위가 벌어졌습니다. 특히 이곳에서는 학생들이 중심이 되어 독립 만세를 외쳤어요. 당시 남대문역은 많은 사람이 오가는 곳이었기에, 이곳에서의 시위는 더 많은 시민에게 독립의 메시지를 전하는 데 큰 역할을 했습니다. 학생들의 열정적인 외침은 사람들의 마음을 울렸고, 점차 더 많은 사람이 시위에 동참했어요.

조선은행 앞에서도 만세 시위가 이어졌습니다. 조선은행은 일본 화폐를 한국에서 쓰게 함으로써 한국의 돈이 일본 경제에 흡수되고 일본이 한국을 경제적으로 종속시키는데 큰 역할을 했어요. 시위대는 이곳에서 일제의 경제적 지배에 대한 저항의 뜻을 분명히 표현했고, 이는 독립운동이 정치적 독립을 넘어 경제적 자주권을 요구하는 것임을 보여 주었습니다.

경성에서 시작된 만세 운동의 물결은 전국으로 퍼져 나갔습니다. 평양, 원산, 의주 등 주요 도시는 물론 작은 마을에 이르기까지 전국

방방곡곡에서 만세 소리가 울려 퍼졌어요. 3월 한 달 동안 전국을 휩쓴 시위는 4월에 접어들어서도 그 열기가 식지 않았습니다.

그러나 일제는 열정적인 독립 요구를 폭력적으로 탄압했고, 많은 독립운동가가 체포되어 서대문형무소에 수감되었습니다. 서대문형무소는 일제의 잔혹한 탄압을 상징하는 장소이자 독립운동가들의 굴하지 않는 의지를 보여 주는 곳이 되었습니다.

3·1운동의 거센 물결이 한반도를 휩쓸고 지나간 후, 독립에 대한 열망은 더욱 뜨거워졌습니다. 이러한 열기 속에서 우리 민족은 단순히 독립을 외치는 것을 넘어 실질적인 독립 국가의 틀을 갖추고자 했습니다. 그래서 많은 사람이 먼저 임시 정부를 꾸리고자 했지요.

임시 정부 수립 과정은 여러 곳에서 동시다발적으로 진행되었습니다. 한성에서는 3·1운동 직후인 1919년 4월 23일, 국내 독립운동 세력을 중심으로 임시 정부인 한성정부가 수립되었습니다. 이들은 경성 종로의 한 음식점에 모여 정부 수립을 선포했습니다.

중국 상하이에서도 임시 정부 수립 움직임이 일었어요. 상하이는 당시 국제 조계지로, 일제의 직접적인 감시와 통제에서 벗어나 있어 독립운동가들의 활동이 비교적 자유로웠습니다. 상하이에서 활동하던 독립운동가들은 임시 의정원을 구성하고 대한민국임시정부를 수립했습니다.

러시아 연해주의 블라디보스토크에서도 임시 정부가 수립되었습

파고다공원은 90년대에 이르러 정식 명칭이 지금 우리가 아는 '탑골공원'으로 바뀌었다.

니다. 이른바 '노령임시정부'로 불리는 이 정부는 대한국민의회라는 이름으로 출범했습니다. 노령임시정부는 다른 두 정부에 비해 무장 투쟁 노선을 강하게 주장했습니다.

각 임시 정부는 이념과 노선이 서로 달랐습니다. 그럼에도 불구하고 독립에 대한 열망과 단결의 필요성은 이러한 차이와 갈등을 넘어서게 했죠. 여러 차례의 협상 끝에 세 임시 정부는 마침내 통합에 합의했습니다. 이렇게 탄생한 것이 바로 '대한민국임시정부'입니다.

대한민국임시정부의 수립은 여러 면에서 큰 의의를 지닙니다. 첫째, 이는 일제에 의해 강제 병합된 이후 처음으로 우리 민족이 스스로의 힘으로 세운 정부였습니다. 비록 해외에 있었지만, 임시정부는 독립운동의 구심점 역할을 했습니다.

둘째, 임시정부는 민주 공화제를 채택함으로써 근대 국가로의 전환을 선언했습니다. 조선왕조 500년의 역사를 뒤로하고 새로운 시대로 나아가겠다는 의지를 표현한 것이지요.

셋째, 임시정부는 독립운동의 정통성을 대표했습니다. 이후 국내외에서 벌어진 다양한 형태의 독립운동은 대부분 임시정부의 이름으로 이루어졌어요. 임시정부는 외교 활동, 군사 활동, 교육 활동 등 다양한 방면에서 독립운동을 이끌었습니다. 특히 1940년에는 한국광복군을 창설하여 무장 투쟁의 기반을 마련했습니다.

넷째, 임시정부는 해방 이후 대한민국 정부 수립의 토대가 되었습니다. 임시정부의 법통과 민주 공화제 이념은 대한민국 정부 수립 시 그대로 계승되었습니다. 현재 대한민국 헌법에는 "우리 대한국민은 3·1운동으로 건립된 대한민국임시정부의 법통"을 계승한다는 문구가 있습니다. 임시정부가 현재 대한민국의 뿌리임을 명확히 한 것이지요.

대한민국임시정부의 활동은 해방 이후 한국 사회에 지대한 영향을 미쳤습니다. 임시정부의 법통과 민주 공화제 이념은 대한민국 정부 수립의 근간이 되었고, 독립운동 과정에서 형성된 민주주의와 민족주의 정신은 현대 한국의 정치적, 사회적 가치관 형성에 큰 영향을 주었습니다.

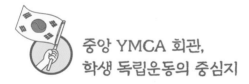

중앙 YMCA 회관, 학생 독립운동의 중심지

경성 거리에 울려 퍼진 독립의 함성은 불씨가 돼 전국으로 번져 나갔습니다. 하지만 이 불씨를 지피고 키운 것은 다름 아닌 청년들과 학생들이었습니다. 그들의 열정과 용기가 독립운동의 원동력이 되었죠. 이런 청년들과 학생들의 활동 중심에 있던 곳이 바로 중앙 YMCA 회관이었습니다.

1900년대 초, 한성은 큰 변화의 물결 속에 있었습니다. 서양의 문물과 사상이 들어오면서 새로운 세상을 꿈꾸는 젊은이가 많아졌습니다. 이런 시대적 배경 속에서 1903년 10월 28일, 황성기독교청년회가 탄생했습니다. 황성皇城은 황제가 머무는 수도라는 의미로 경성을 이르고, 기독청년회는 전 세계에 지부를 둔 기독교 민간단체인 YMCA(Young Men's Christian Association)를 우리말로 푼 것입니다.

초기 황성 기독교 청년회는 주로 미국과 캐나다 출신들이 임원과 이사직을 맡아 운영했습니다. 하지만 1904년, 이 단체에 큰 변화의 바람이 불었어요. 독립협회 운동으로 옥고를 치르고 풀려난 이상재, 이원근, 유성준, 홍재기, 김정식 등이 청년회에 가입한 것입니다. 이들의 합류로 황성 기독교 청년회는 종교 단체의 틀을 벗어나 민족운동 지도자들이 교류하고 토론하는 장으로 변모했습니다. 여기에 상동교회의 전덕기 목사를 비롯한 평민 출신 청년 지사들도 동참하면서, 이 단체는 초기의 귀족적 성격에서 벗어나 더욱 폭넓은 계층을 아우르며 다양한 활동을 펼쳤습니다.

1907년, 황성YMCA는 큰 결심을 합니다. 바로 자신들만의 회관을 짓기로 한 거예요. 1908년 12월, 드디어 새 회관이 문을 열었습니다.

이 회관은 곧 젊은이가 모이는 중요한 장소가 되었습니다. 다양한 교육 프로그램이 운영되었고, 새로운 지식과 문화를 소개하는 강연

VIEW OF SHORO STREET, KEIJO
ゾゥゾ通目丁二路鍾城京（所名鮮朝）
ム望ヲ面方門大東

1 당시 종로 2정목으로 불리던 거리 풍경. 맨 왼쪽의 종로경찰서 오른쪽으로 일제강점기 당시의
중앙 YMCA 회관 건물이 보인다.
2 현재에도 그 자리에 남아 있는 종로 YMCA 건물 모습.

회도 열렸어요. 또 체육 활동도 장려해서 건강한 신체와 정신을 기르는 데 힘썼습니다.

1910년, 우리나라가 일본에 강제로 병합돼 주권을 빼앗긴 뒤로 중앙 YMCA 회관은 또 다른 중요한 역할을 하게 됩니다. 바로 독립운동의 비밀 기지 역할이었죠.

일제의 감시를 피해, 많은 학생과 지식인이 이곳에 모여 독립에 관한 이야기를 나누었습니다. 겉으로는 단순한 종교 모임이나 문화 행사인 것처럼 보였지만, 실제로는 독립을 위한 계획을 세우고 있었던 거예요.

1919년, 한국 역사에서 가장 중요한 사건 중 하나인 3·1운동이 일어났습니다. 이 운동의 시작에도 중앙 YMCA 회관이 있습니다.

1919년 1월 27일, 황성YMCA 간사였던 박희도는 회원 모집을 구실로 서울 시내 여러 학교의 학생 대표들을 중앙 YMCA 회관으로 불러 모았습니다. 이 자리에서 학생들은 3·1운동에 대한 비밀 논의를 했어요. 독립선언서를 낭독하고 만세 시위를 하자는 계획을 세웠죠.

3·1운동이 시작된 후, YMCA회관은 학생 독립운동의 주요 거점이 되었습니다. 이곳에서 학생들은 정보를 교환하고, 다음 행동을 계획했습니다. 태극기와 독립선언서를 몰래 만들어 배포하기도 했어요. 또 시위하다 다친 학생들을 숨기고 치료해 주는 안전한 피난처

역할도 했습니다.

3·1운동 이후에도 중앙 YMCA 회관은 독립운동의 중심지였어요. 민립 대학 설립 운동, 청년 독립운동 단체 조직 등을 논의하는 모임이 이곳에서 이루어졌습니다.

일제의 감시와 탄압이 점점 심해졌지만, 중앙 YMCA 회관은 한국인들의 독립 의지를 지키는 상징적인 장소로 끝까지 남았습니다. 많은 학생이 이곳에서 독립운동가로 성장했고, 후에 우리나라의 독립과 발전에도 큰 역할을 하게 되었죠.

천도교 중앙 대교당, 3·1운동을 넘어 6·10만세운동까지

경성의 독립운동사를 이야기할 때, 중앙 YMCA 회관과 천도교 중앙 대교당은 떼려야 뗄 수 없는 관계입니다. 중앙 YMCA 회관이 주로 젊은 학생들의 독립 정신을 키우는 데 중요한 역할을 했다면, 천도교 중앙 대교당은 더 넓은 범위의 민족 지도자들이 모여 독립운동을 이끌어 가는 중심지 역할을 했습니다. 중앙 YMCA 회관에서 독립 정신을 키운 학생들은 천도교 중앙 대교당에서 일어난 3·1운동에 적극적으로 참여했고, 이후 6·10만세운동까지 그 정신을 이어

지금도 볼 수 있는 경운동의 천도교 중앙 대교당.

갔습니다.

　종로 경운동 거리에 우뚝 선 천도교 중앙 대교당은 멀리서도 눈길을 사로잡습니다. 강렬한 붉은 벽돌이 햇빛에 반짝이고, 안정감 있는 화강석 기단이 건물을 굳건히 받치고 있죠. 특히 독특한 모양의 중앙탑 지붕은 하늘을 찌를 듯 높이 솟아 있습니다.

　이 건물의 탄생에는 천도교 지도자 손병희의 역할이 컸습니다. 손병희는 1905년 동학을 천도교로 개명하고, 교단을 근대적으로 개혁했습니다.

　1918년, 손병희를 비롯한 천도교 지도자들은 새로운 교당을 짓기로 결의했습니다. 당시 천도교는 300만 명이 넘는 신자가 있는 대규모 종교 단체였죠. 그들은 자신들의 신앙을 상징하고, 민족의 자존심을 보여 줄 수 있는 건물을 꿈꿨습니다.

　하지만 이 꿈을 이루는 과정은 결코 쉽지 않았습니다. 일제는 온갖 방법을 동원해 준공을 방해했습니다. 건축 허가를 내 주지 않았고, 심지어 이미 모금한 성금을 돌려주라고 강요했습니다. 건설 과정에서도 일제는 계속 방해했습니다. 건설 자재 구입을 막고 공사를 맡은 장인을 구금하는 등 갖은 탄압이 이어졌습니다. 거기에 건축비 일부를 독립운동 자금으로 사용하게 되면서 공사가 지체되기도 했죠.

　그러나 천도교 신자들은 포기하지 않았습니다. 마침내 1921년 2

월, 천도교 중앙 대교당이 완공되었습니다. 오롯이 민족의 힘으로 세운 건물이었습니다. 내부는 중앙에 기둥 없이 넓은 공간을 확보해 800명에서 1000명까지 수용할 수 있었죠. 4층 누각에 올라서면 경성 시내 전체가 내려다보였다고 합니다.

이 건물은 곧 민족 운동의 중심지가 되었습니다. 특히 3·1운동 때 중요한 역할을 했습니다. 1919년 2월, 이 건물에 손병희를 비롯한 민족 대표들이 모여 독립선언서를 준비했습니다.

3월 1일, 역사적인 날이 되자 천도교 중앙 대교당을 중심으로 독립선언서가 낭독되고 만세 시위가 시작되었습니다. 이날의 함성은 전국으로, 그리고 세계로 퍼져 나갔습니다.

3·1운동 이후에도 천도교 중앙 대교당은 계속해서 독립운동의 구심점이 됐습니다. 1926년 6·10만세운동 때도 이곳에서 학생들이 모여 시위를 계획했죠.

경성에 불어온
근대 스포츠의 바람

1905년 초여름, 경성 동대문 옆 조선시대에 무관 선발과 무예 및 병법 훈련을 관장하는 관청인 훈련원 마당에서 젊은이가 둥근 공을 차며 뛰고 있었습니다. 많은 사람이 호기심이 생겨 모여들었는데 눈앞에 펼쳐진 광경은 낯설기 그지없었습니다. 젊은이들이 두 무리로 나뉘어 공을 차고 달리며 열심히 땀을 흘리고 있었죠. 한국 최초의 공식 축구 경기였습니다.

축구가 조선에 들어온 건 그보다 조금 더 앞선 일이었습니다. 1882년 여름, 제물포에 정박한 영국 군함 '플라잉피시호'의 승무원들이 처음으로 축구를 선보였죠. 그들이 떠난 뒤 호기심 많은 조선의 아이들이 남은 공을 주워 갖고 놀았다고 합니다. 이후 서양 선교사들에 의해 축구가 본격적으로 보급되기 시작했고, 1902년 배재학당에, 1904년 황성YMCA에 축구부가 생겼습니다.

당시의 축구는 지금과는 많이 달랐습니다. 경기장이라고 해 봐야 추수가 끝난 논과 밭이 전부였고, 선수들은 두루마기 차림에 짚신을 신고 뛰어다녔습니다. 축구공이 없어서 돼지 오줌보에 물이나 바람을 넣어 만들어 썼죠. 심지어 '축구'라는 이름도 없어서 격구, 석구, 척구 등으로 불렀습니다. 규칙도 제각각이어서 경기 시간이나 인원수를 팀끼리 합의해 정했습니다. 이기고 지는 것보다는 함께 뛰며 즐기는 것에 더 큰 의미를 두었던 것 같습니다.

축구에 이어 야구도 경성의 거리에 등장했습니다. 1906년 3월 15일, 훈련원 마당에서 YMCA와 한성 독일어 학교가 맞붙은 한국 최초의 야구 경기가 열렸습니다. 이 경기를 주선한 사람은 미국인 선교사 필립 질레트였습니다. 그는 스포츠가 선교 활동에 도움이 된다고 생각해 야구, 농구, 스케이트 등을 한국에 소개했죠.

초기의 야구 경기 모습도 지금과는 많이 달랐습니다. 선수들은 무명 적삼을 입고 짚신을 신었으며, 야구 방망이 대신 곡괭이 자루를 들고 나왔습니다. 글러브도 없이 맨손으로 공을 잡았죠. 규칙을 잘 몰라 실수도 많았습니다. 타자가 파울을 치고도 그대로 베이스를 돌아 홈으로 달려가기도 했고, 수비수의 태그를 피하려고 운동장 밖으로 도망가는 주자도 있었습니다.

이런 새로운 스포츠는 놀이 이상의 의미를 지녔습니다. 일제강점기 한국인들에게 스포츠는 민족의 자긍심을 높이는 수단이었습니다. 사람들은 운동으로 나라의 힘을 키울 수 있다고 믿었습니다. 학교에는 '체육'이라는 과목이 새로 생겼고, 운동회는 중요한 행사가 되었습니다.

1907년 10월 26일에 열린 경성 시내 학교들의 연합 대운동회는 그 열기를 잘 보여 줍니다. 무려 6000여 명의 학생이 참가했고, 갓 즉위한 순종 황제도 행사장을 찾았습니다. 200보 달리기, 당나귀 타고 달리기, 높이뛰기, 멀리뛰기, 씨름, 투포환, 줄다리기 등 다양한 종목의 경기가 펼쳐졌습니다. 운동회에 참여한 학생들은 건강한 신체를 기르고 협동심을 배우고 나아가 민족의식을 고취했습니다.

한편 1904년 창단된 YMCA야구단의 이야기는 당시 한국 스포츠의 현실을 잘 보여 줍니다. 이 팀은 국내 최강으로 불렸습니다. 조선은행, 동양협회, 숭실학교 연합팀까지 모두 이겼죠. 하지만 1912년 11월 일본 와세다 대학 야구단과의 경기에서 23 대 0으로 크게 졌고, 이틀 뒤에는 일본 중학생 야구단에도 9 대 1로 패했습니다. 이 패배는 충격적이었지만, 동시에 한국 스포츠의 발전에 중요한 경험이 되었습니다.

황성 YMCA 야구단을 이끌었던 여운형은 이후에도 다양한 체

THE SPORTSMAN CROWDED ALL DAY AT KEIJYO GROUND.
ドンクラグ城京集群のマワーヰス　（城　京）

1925년 10월에 개장한 경성운동장.

육 단체에 관여하며 한국 스포츠 발전에 이바지했습니다. 그와
같은 선구자들의 헌신 덕분에 한국 스포츠는 꾸준히 성장할 수
있었습니다.

　경성의 거리에 불어온 근대 스포츠의 바람은 한국인들의 몸과
마음을 깨우고, 민족의 자존심을 자극하는 계기가 되었습니다.
어려운 시기였지만, 사람들은 스포츠를 통해 희망을 품고 더 나
은 미래를 꿈꿀 수 있었습니다. 그 열정은 지금까지도 이어져, 한
국을 세계적인 스포츠 강국으로 만드는 원동력이 되고 있습니다.

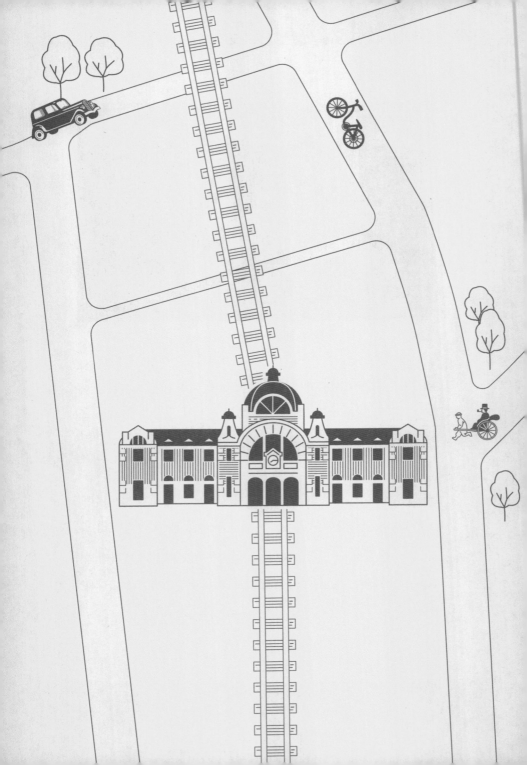

5장

경성역의 두 얼굴

: 징용과 유학, 신문물 도입과 식민지 수탈

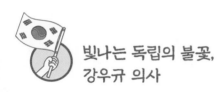

빛나는 독립의 불꽃, 강우규 의사

1919년, 한반도 전역에서 3·1운동이 일어나자 이 소식은 머나먼 북간도까지 전해졌습니다. 그곳에서 독립운동을 이어 가던 강우규는 가슴에 불꽃이 일었습니다. 강우규는 즉시 한인 마을인 신흥동 주민들과 학생들을 모아 독립 선언식을 열었습니다. 태극기를 높이 들고 독립 만세를 외치는 동포들의 모습에서 독립의 희망을 보았습니다.

1885년 함경남도 덕천에서 태어난 강우규는 어릴 때부터 나라를 사랑하는 마음이 남달랐어요. 아버지의 뒤를 이어 한의사가 된 그는 사람들을 치료하면서도 항상 나라의 미래를 걱정했죠.

1905년 을사늑약 이후 대한제국이 일본의 보호국이 된다는 사실을 강우규는 견딜 수 없었습니다. 그래서 1910년에 일본이 우리나라를 강제로 병합하자 가족들과 함께 북간도로 떠났습니다. 북간도로 가는 길은 험난했습니다. 혹독한 추위와 험준한 산길을 넘어야 했고, 일본 군인들의 감시도 피해야 했습니다. 그 와중에도 강우규의 가슴 속에는 독립에 대한 뜨거운 열망이 불타오르고 있었습니다.

북간도에 도착한 후, 강우규는 '신흥동'이라는 한인 마을을 일구었습니다. 이곳에 학교를 세워 아이들에게 우리의 역사와 문화를 가르쳤습니다. 또한 한의술로 마을 사람들의 건강을 돌보았습니다. 이렇게 독립운동의 기반을 차근차근 다져 나갔습니다.

그러나 일본군의 탄압은 날로 심해졌습니다. 많은 한국인이 체포되거나 목숨을 잃었죠. 이에 강우규는 더 큰 규모의 독립운동을 펼치기 위해 러시아의 블라디보스토크로 거점을 옮겼습니다.

블라디보스토크에서 강우규는 '노인회'라는 단체를 조직했습니다. 이 단체는 나이 든 독립운동가들의 경험과 지혜를 모아 효과적인 독립운동 전략을 수립하는 것이 목적이었습니다. 여기서 그는 다양한 독립운동가들과 교류하며 새로운 방법을 모색했습니다.

1919년 8월, 강우규는 중대한 결심을 했습니다. 새로 부임하는 조선 총독 사이토 마코토를 암살하기로 한 것입니다. 당시 그의 나이 64세, 평생을 독립운동에 바쳐 온 그가 스스로 부여한 마지막 임무

강우규.

였습니다.

강우규는 치밀하게 계획을 세웠습니다. 먼저 영국제 폭탄을 구입했습니다. 그리고 1919년 6월 11일, 블라디보스토크에서 출발해 목숨을 건 여정을 시작했어요. 국경을 넘는 일은 위험천만했습니다. 일제의 감시를 피해 때로는 밤새 산길을 걸어야 했고, 때로는 맨몸으로 강을 건너야 했습니다.

8월 4일, 강우규는 경성에 도착했습니다. 우선 남대문역 근처의 여관에 머물며 매일 역 주변을 면밀히 살폈습니다. 사이토 총독이 도착할 날짜, 그가 지나갈 경로, 경비 상황 등을 꼼꼼히 확인했지요.

1919년 9월 2일, 운명의 날이 밝았습니다. 아침부터 가을비가 부슬부슬 내렸어요. 강우규는 폭탄을 명주 수건에 싸서 허리춤에 감추고, 그 위에 저고리와 두루마기를 입었습니다. 언제든 폭탄을 꺼낼 수 있게 준비를 마친 뒤 남대문역으로 향했습니다.

남대문역은 이미 사람들로 북적였습니다. 신임 조선 총독 사이토 마코토의 부임을 환영하는 인파였어요. 일본 관리들과 친일파들은 앞다투어 자리를 잡았고, 영국 총영사를 비롯한 외국 외교관들도 참석했습니다. 그 사이로 일본 경찰들이 분주히 오갔고요.

강우규는 군중 속에 섞여 천천히 움직였습니다. 파나마모자를 쓰고 양산을 든 모습은 평범한 노인과 다름없어 보였습니다. 하지만 눈빛은 날카로웠습니다. 강우규는 사이토 총독이 도착할 지점을 정확히 파악하고, 자신의 위치를 조금씩 옮겼습니다.

오후 5시, 마침내 총독을 태운 열차가 남대문역에 도착했습니다. 역 안의 분위기가 순식간에 달라졌습니다. 환영 인파의 함성과 박수 소리가 물결쳤어요. 일본 군악대의 팡파르가 울리고 열차에서 내린 총독이 플랫폼에 모습을 드러내자 소리는 더욱 커졌습니다.

사이토 총독은 천천히 역사를 빠져나와 광장으로 향했습니다. 두 마리의 말이 끄는 화려한 의장 마차가 그를 기다리고 있었습니다. 기병대가 주변을 엄중하게 경계했지요. 총독이 마차에 오르려고 할 때, 환영의 의미로 발포한 열일곱 발의 예포 소리가 하늘에 차례로 울려 퍼졌습니다.

마지막 예포 소리와 함께 강우규는 재빨리 허리춤에서 폭탄을 꺼내 온 힘을 다해 던졌습니다. 폭탄은 포물선을 그리며 사이토 총독을 향해 날아갔습니다. 폭탄이 폭발하는 소리와 함께 남대문역 광장은 아수라장이 되었습니다. 검은 연기가 하늘로 치솟았고, 사람들의 비명이 사방에서 들려왔습니다.

잠시 후 연기가 걷히고 상황이 조금씩 정리되기 시작했습니다. 강우규의 폭탄은 목표를 빗나갔습니다. 사이토 총독은 경호원들의 보호를 받으며 재빨리 현장을 빠져나갔습니다.

의거 이후 강우규는 잠시 몸을 숨겼습니다. 일제 경찰은 대대적인 수색을 펼쳤지만 처음에는 그의 행적을 찾지 못했어요. 강우규는 그 사이 또 다른 의거를 준비했습니다. 그러나 의거로부터 보름 후인 9월 17일, 결국 종로 누하동에서 친일 경찰 김태석에게 체포되어 서대문형무소에 수감되었습니다. 재판에서 강우규는 당당한 태도로 일제의 불법적인 식민 통치를 강하게 비판했습니다. 재판부는 사형을 선고했지만 강우규의 얼굴에는 두려움이 없었죠.

1919년 11월 29일 사형이 집행되었습니다. 그렇게 강우규는 64년의 생을 마감했습니다. 강우규의 의거는 독립운동사에 중요한 전환점으로, 3·1운동 이후 주춤했던 독립운동에 활력을 불어넣었습니다. 동시에 의열 투쟁의 시작점이기도 했어요.

의열 투쟁은 일제의 주요 인물이나 시설을 공격하는 방식으로, 강우규의 뒤를 이어 김상옥, 나석주 등 우리가 '의사'라고 부르는 독립운동가들이 전개한 민족 운동입니다.

근대의 시간을 달리는 플랫폼, 경성역

처음 문을 열었을 때 경성역은 열 평 남짓한 허름한 2층 목조 건물이었습니다. 마치 시골의 간이역과 같은 소박한 건물에서 우리나라 철도의 역사가 시작되었어요.

그로부터 5년 후인 1905년 3월 24일, 역 이름은 '남대문역'으로 바뀌게 됩니다. 하지만 이 이름도 오래가지 못했습니다. 1910년 한일 강제 병합 이후, 일제는 우리나라 주요 시설물들의 이름을 바꾸기 시작했습니다. 그 과정에서 1915년 10월 15일, 남대문역은 다시 '경성역'으로 명명돼 일제강점기 내내 그 이름으로 불리게 됩니다.

지금 우리가 알고 있는 르네상스 양식의 웅장한 역사는 1925년에 완공되었습니다. 이 건물은 지하 1층, 지상 2층 구조로, 당대 최고의 건축 기술과 미학이 집약된 걸작이었습니다. 지하에는 보일러실과 전기실이 있어 건물 전체에 난방과 전기를 공급했고, 1층에는 대합실과 매표소가, 2층에는 사무실과 레스토랑이 있었습니다.

경성역은 한반도와 만주, 일본을 잇는 통로였습니다. 이곳에서 기차를 타면 북쪽으로는 신의주를 거쳐 만주로, 남쪽으로는 부산을 통해 일본으로 갈 수 있었죠. 당시로서는 혁명적인 변화였습니다. 과거에는 몇 주일씩 걸리던 여정이 며칠로 단축된 거니까요. 이로써 사람과 물자의 이동이 빨라졌고, 정보 교류도 활발해졌습니다. 서양의 의복, 음식, 생활 양식 등이 이 철도를 통해 들어왔고, 많은 유학생도 이 역을 통해 일본으로 건너가 새로운 지식을 배우고 돌아왔습니다.

편리함의 이면도 있었습니다. 일제는 철도를 이용해 한반도의 자

여전히 같은 자리에 있는 경성역의 모습. 지금은 '문화서울역284'라는 이름으로
각종 전시 행사를 진행하는 문화 공간으로 사용되고 있다.

원을 빠르게 빼앗아 갔습니다. 쌀, 광물 등 우리의 귀중한 자원들이 기차에 실려 일본으로 빠져나갔죠. 또한 전쟁 물자와 군인들을 수송하는 데도 사용되었습니다. 특히 만주 침략에 이용되었습니다.

수많은 사람의 만남과 이별도 이곳에서 이루어졌습니다. 유학을 떠나는 학생들, 일자리를 찾아 만주로 향하는 이주민들, 고향을 찾아가는 사람들 모두가 경성역에서 가족과 친구들을 만나고 작별했습니다. 1930년대 후반에는 징용이나 징병으로 끌려가는 젊은이들과 그 가족들이 애끓는 이별을 해야 했습니다.

경성역에서 일본과 한국의 위계는 적나라하게 드러났어요. 당시 철도는 일본인들이 운영했고, 역내 주요 시설들도 일본인들이 독점하다시피 했습니다. 한국인들은 대부분 하급 직원이나 짐꾼으로 일했으며, 심지어 대합실도 일본인과 한국인이 사용하는 공간을 구분해 놓았기 때문입니다.

경성역에는 '파발마'라는 대형 시계가 있었습니다. 정확한 시간에 맞춰 움직이는 기차와 사람 들의 모습은 전통적인 시간관념에서 근대적 시간관념으로의 전환을 의미했습니다.

경성역은 강우규 의사의 의거부터 일상적인 만남과 이별의 순간까지, 우리나라의 근현대사가 집약된 곳입니다. 식민 지배의 아픔과 근대화 그리고 새로운 문화의 유입까지 이 모든 이야기가 경성역이라는 공간에 응축되어 있었습니다.

경성역의 양식당, 그릴

경성역 2층에 자리 잡은 '그릴'은 1925년 10월 15일에 문을 열었습니다. '그릴'이라는 이름은 고기를 굽는 석쇠를 의미하는데, 이는 즉석에서 구운 고기를 제공하는 최고급 호텔 식당을 가리키는 말이기도 했습니다.

이 식당의 규모와 시설은 당대 최고 수준이었습니다. 개업 당시 요리사가 40명에 이르렀으며, 한 번에 200명이 동시에 식사를 할 수 있었습니다. 거기에 은제 식기류를 사용해 고급스러움을 더했지요.

메뉴 또한 당시 사람들에게 획기적이었는데, '그릴'은 '함박스테이크'와 돈가스를 우리나라에 처음 대접한 곳으로 알려져 있습니다. 크리스마스 특별 메뉴로 러시아 요리사가 만든 칠면조 구이를 선보이는 등 포크와 나이프를 이용해 식사하는 다양한 서양

오늘날 볼 수 있는 복원된 경성역 내부 모습.

요리를 한국인들에게 소개했지요.

　'그릴'은 서양 문화를 직접 체험할 수 있는 공간이었고, 새로운 음식 문화를 통해 근대화를 실감할 수 있는 장소였습니다.

　그러나 '그릴'은 누구나 쉽게 이용할 수 있는 대중적인 식당은 아니었습니다. 주로 일제강점기 고급 관리, 친일파, 귀족 들이 주요 고객이었습니다. 이는 당시의 사회적 불평등과 차별을 보여 줍니다.

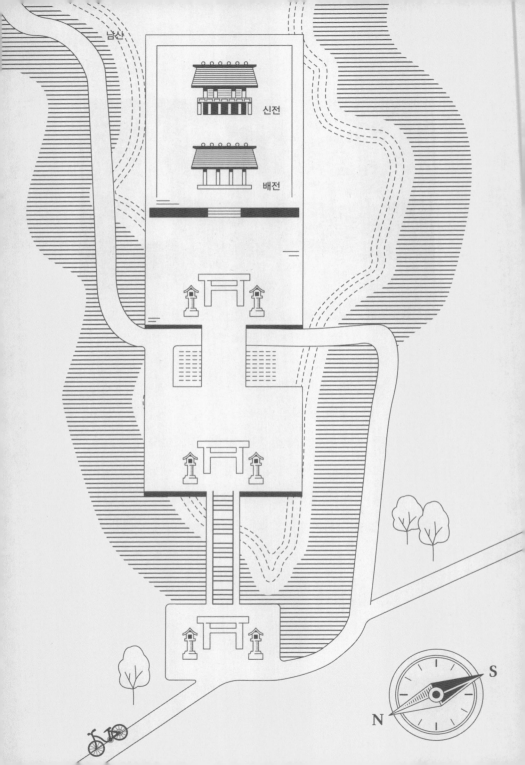

남산

신전

배전

N   S

6장

남산을 점령한
문화통치 시기 일제 기관

: 조선총독부와 조선신궁이 빼앗은 민족성

통감부에서 조선총독부로

앞서 을사늑약 체결 이후 일본이 한반도 지배를 위한 일본의 첫 번째 거점으로 한성에 통감부를 설치했다고 했지요. 남산의 통감부 청사는 1907년 2월에 완성됩니다. 르네상스 양식의 2층 목조 건물로, 한성의 전경을 내려다볼 수 있는 곳에 자리 잡았어요. 이 건물은 일본의 힘과 권위를 상징했습니다.

통감부는 대한제국의 모든 것을 감시하고 통제했습니다. 마치 거미줄처럼 온 나라를 통제하는 거대한 조직이었죠. 통감부는 무엇을 했을까요?

첫째, 통감부는 대한제국의 외교권을 완전히 장악했습니다. 대한제국이 다른 나라와 어떤 관계를 맺든 모두 통감부의 허락을 받아야 했죠.

둘째, 통감부는 대한제국의 내정에 깊숙이 개입했습니다. 정부의 주요 관리들을 일본인으로 채우고, 친일파를 내세워 중요한 정책들을 모두 자신들 마음대로 결정했습니다. 대한제국 정부는 허수아비가 되어 갔죠.

셋째, 통감부는 대한제국의 경제를 장악했습니다. 화폐 발행부터 세금 징수, 심지어 나라의 빚까지 모두 통제했습니다.

넷째, 통감부는 대한제국의 군대를 해산했습니다. 나라를 지킬 수 있는 마지막 보루마저 무너뜨린 것이죠.

다섯째, 통감부는 대한제국의 교육과 언론을 통제했습니다. 학교에서 무엇을 가르칠지, 신문에 어떤 내용을 실을지 모두 자신들 마음대로 정했습니다. 우리의 생각과 표현의 자유를 빼앗았어요.

이러한 통감부의 통치는 대한제국 국민의 격렬한 저항을 불러일으켰습니다. 의병들이 일어났고, 애국 계몽 운동이 벌어졌으며, 국채보상운동도 일어났죠. 하지만 통감부는 이런 저항을 폭력적으로 탄압했습니다.

결국 1910년 8월 22일, 한일병합조약이 강제로 체결되었지요. 이로써 대한제국은 일본의 식민지가 되고, 통감부는 침략의 발판으로서 역할을 다하게 됩니다. 8월 29일, 한일 병합이 공식 발표되고, 조선총독부가 출범하면서 통감부청사 건물은 그대로 총독부청사가 되었습니다.

조선총독부는 통감부보다 훨씬 더 강력한 권한을 가진 기구였어요. 초대 조선 총독인 데라우치 마사다케는 한반도에서 입법, 사법, 행정, 군사 등 모든 권한을 행사할 수 있었어요. 이는 사실상 한 나라를 완전히 지배하는 것과 다름없는 막강한 권력이었습니다.

특히 주목할 만한 점은 조선 총독이 가진 '제령' 제정 권한입니다. 제령은 일본 의회의 승인 없이도 조선에서 법률과 같은 효력을 가졌어요. 조선 총독이 절대적인 권력을 가진 것입니다.

남산 조선총독부의 식민 통치 정책은 시기별로 변화를 겪었습니다. 1910년부터 1919년까지 일제가 '무단통치' 또는 '헌병경찰제'라고 부르는 통치 방식을 택했던 일제강점기 초기에는 조선인들의 집회, 결사, 언론의 자유는 완전히 박탈되었습니다. 그중에서도 조선총독부의 언론 통제 정책은 특히 악명 높았습니다. 1910년 한일 강제 병합 직후, 모든 한국어 신문을 폐간시켰습니다. 총독부의 기관지인 《매일신보》만을 허용했죠. 이후 《동아일보》, 《조선일보》 등의 발간을 허용했지만, 이들 신문도 엄격한 검열 아래 놓였습니다. 일제에 비판적인 내용을 삭제하거나 총독부 마음대로 신문사를 빈번히 폐간했지요. 한국인들의 목소리를 억압하고 일제의 선전을 강화하려는 조치였습니다.

남산 조선총독부.

조선총독부는 경제적 수탈의 중심이기도 했습니다. '토지조사사업'으로 조선의 토지를 빼앗았고, '산미증식계획'으로 한국의 쌀을 착취했습니다. 또한 '회사령'을 통해 한국인들의 기업 활동을 제한했고, 주요 산업과 자원을 일본 기업들이 독점하도록 했습니다. 이러한 경제 정책들은 한국의 산업 발전을 저해하고 한국인들을 가난으로 몰아넣었습니다.

남산의 조선총독부는 정치, 경제, 사회, 문화 등 모든 면에서 한국을 지배하고 통제하는 심장부 역할을 했습니다. 그 영향력은 한반도 전역에 미쳤고, 한국인들의 삶을 철저히 옥죄었습니다.

하지만 극심한 탄압 속에서도 한국인들의 저항은 계속되었습니다. 독립운동가들은 목숨을 걸고 일제에 맞섰고, 평범한 시민들도 각자의 방식으로 민족의 정신을 지키려 노력했습니다.

일케 심장부를 뒤흔든 청년 김익상

1920년대 초에도 한국은 일제의 강압적인 통치 아래 있었습니다. 3·1운동 이후 일제는 이른바 '문화통치'를 내세웠지만, 실상은 더욱 교묘하게 억압했습니다. 이 시기 경성은 일제 통치의 중심지였습니다. 남산에 우뚝 선 조선총독부 청사는 그 상징과도 같았습니다.

1921년 9월 12일, 청사에 한 청년이 나타났습니다. 김익상, 스물여섯 살의 이 청년은 의열단원이었습니다. 의열단은 김원봉이 이끄는 무장 독립운동 단체로, 과감한 의거로 일제에 저항했죠. 그들의 목표는 명확했습니다. 일제의 통치 기반을 흔들고, 한국인들에게 독립의 희망을 전하는 것이었습니다.

김익상은 베이징에서 경성으로 비밀리에 왔습니다. 그는 도구 가방에 폭탄을 숨기고 전기 수리공으로 완벽하게 변장하고는 아침 일찍 조선총독부로 향했습니다. 경비병들은 그를 의심하지 않고 통과시켰지요.

청사 내부로 들어선 김익상은 차분히 2층으로 올라갔습니다. 회계과와 비서과가 있는 곳이었습니다. 잠시 주변을 살폈습니다. 아무도 그를 의심하지 않았습니다.

그의 목표는 명확했습니다. 일제 통치의 심장부에 폭탄을 투척하는 것.

그 순간, 그의 손에서 폭탄이 날아갔습니다. "쾅!" 하는 폭음과 함께 건물이 흔들렸습니다. 청사 내부는 순식간에 아수라장이 되었습니다. 비명과 함께 연기가 자욱하게 퍼져 나갔고 파편이 사방으로 튀었습니다. 일본인 관리들과 직원들은 공포에 질려 혼비백산했습니다.

이 사건은 일제에 큰 충격을 주었습니다. 조선총독부조차 안전하지 않다는 것이 만천하에 드러난 것입니다. 동시에 이 사건은 한국인들에게 독립에 대한 희망과 용기를 불어넣어 주었습니다. 일제의 심장부를 직접 공격한 이 의거는 많은 한국인에게 독립이 멀지 않았다는 믿음을 주었어요.

혼란 속에서 김익상은 미리 준비해 둔 일본인 목수 복장으로 갈아입고는 침착하게 청사를 빠져나왔습니다. 놀랍게도 여전히 누구도 그를 의심하지 않았습니다.

김익상은 곧바로 경성역으로 향했습니다. 경의선 열차를 타고 신의주로 갔습니다. 국경을 넘는 순간까지 긴장을 풀지 않았습니다. 끝까지 차분했고 무사히 중국 베이징에 무사히 도착했습니다.

이 대담한 의거로 김익상의 이름은 독립운동사에 깊이 새겨졌습니다. 하지만 그의 투쟁은 여기서 끝나지 않았습니다. 몇 달 후, 그는 또 다른 위험한 임무를 맡게 됩니다.

김익상.

1922년 3월, 상하이의 한 은밀한 장소에 의열단원들이 모였습니다. 상하이는 당시 한국 독립운동의 중심지 중 하나로, 많은 독립운동가가 이곳에서 활동하고 있었죠.

그날 모인 이들의 목표는 일본 군부의 실세이자 조선 침략의 핵심 인물이었던 다나카 기이치 대장이었습니다.

의열단은 수개월간 철저히 준비했고, 다나카의 동선과 방문 일정을 파악했습니다. 김익상, 오성륜, 이종암 세 명이 작전에 참여해 순차적으로 공격을 가하기로 했습니다. 오성륜이 첫 번째, 김익상이 두 번째, 이종암이 마지막으로 폭탄 투척을 담당했습니다.

1922년 3월 28일, 드디어 그날이 밝았습니다. 상하이 황포탄(지금의 와이탄) 부두는 평소와 다름없이 분주했지만, 공기 중에는 팽팽한 긴장감이 감돌았습니다. 의열단원들은 각자의 위치에서 다나카의 도착을 기다리고 있었습니다.

오전 열한 시, 다나카를 태운 배가 서서히 부두에 접근했습니다. 의열단원들의 심장은 더욱 빠르게 뛰기 시작했습니다. 배에서 내린 다나카가 차량으로 향하는 순간, 오성륜이 움직였습니다. 그는 결연한 의지로 총을 겨누었지만, 총알은 다나카가 아닌 그 옆을 지나가던 미국인 여성을 맞히고 말았습니다. 이 일로 의열단은 국제 사회에서 비난을 받았지요.

현장은 순식간에 아수라장이 되었습니다. 경호원들이 다나카를 보호하며 서둘러 차에 태우려 했습니다. 이때 김익상이 나서서 그는 재빨리 다나카를 향해 총을 발사했지만, 그 총알은 다나카의 모자만을 스쳐 지나갔습니다.

뒤이어 이종암이 폭탄을 들고 달려 나갔습니다. 마지막 기회였습니다. 다나카를 태운 차는 이미 속도를 내고 있었지요. 폭탄은 차량 뒤편에서 폭발했고 다나카는 극적으로 탈출에 성공했습니다. 이를 황포탄 의거라고 불러요.

김익상과 오성륜은 그 자리에서 체포되었어요. 그들은 일본 경찰의 심문을 받으면서도 끝까지 입을 다물었지만, 결국 김익상의 정체가 밝혀지고 말았습니다. 그가 바로 몇 달 전 조선총독부 폭탄 투척 사건의 주인공이라는 사실이 드러난 것입니다.

김익상은 일본으로 압송되어 재판을 받게 되었습니다. 재판 과정에서 그는 자신의 행동이 조국 독립을 위한 정당한 투쟁이었음을 강조했습니다. 처음에는 사형 선고를 받았으나, 최종적으로 징역 20년 형으로 감형되었죠.

14년간의 긴 옥살이를 견뎌 낸 그는 출옥합니다. 출옥 후에도 일제는 그를 계속해서 감시했고, 중일전쟁과 태평양전쟁으로 국내 상황은 더욱 악화했습니다.

1942년경 일제 경찰에 연행되는 모습을 마지막으로 김익상의 행방은 알 수 없게 되었습니다.

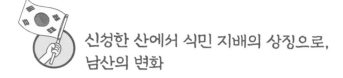

신성한 산에서 식민 지배의 상징으로, 남산의 변화

조선시대에 남산은 한성을 지키는 수호신 같은 존재였습니다. 남산 꼭대기에는 나라의 평화를 비는 국사당이 있었고, 외적의 침입을 알리는 봉수대도 있었어요. 그런데 1876년 개항 이후, 남산의 모습이 조금씩 바뀌기 시작했습니다.

을사늑약 체결 이후 남산의 변화는 더욱 가속화됐습니다. 1898년, 남산에 처음으로 일본 신사가 세워졌습니다. '남산대신궁'이라는 이름의 신사였죠. 이 신사는 나중에 '경성신사'로 이름이 바뀌었습니다.

경성신사에서는 일본의 신들을 모셨습니다. 특히 아마테라스 오미카미라는 일본의 신 등을 주요 신으로 모셨습니다. 이를 통해 일본은 자신들의 문화를 한반도에 심으려 했어요.

1929년에는 큰돈을 들여 신사를 크게 고쳤습니다. 그만큼 일본은 이 신사를 중요하게 여겼지요. 1936년에는 조선총독부가 관리 비용을 부담하는 국폐소사國幣小社로 격상되면서 경성신사의 위상이 더욱 높아졌습니다.

경성신사에서는 활쏘기 대회 등 여러 행사가 열렸고, 일본인들은 이곳에서 집회를 열기도 했습니다. 경성신사가 일본인 사회의 중심

社神城京（所名城京） **1**
THE KEIJO SHRINE, KEIJO

2

1 경성신사.
2 경성신사 터.

지 역할을 했던 것이죠.

남산의 가장 큰 변화는 1925년 조선신궁이 건립되면서 일어났습니다. 조선신궁은 경성신사보다 훨씬 더 큰 규모와 의미를 가진 시설이었어요. 이 신사는 일제의 식민 지배가 절정에 달했음을 상징하는 건축물이기도 합니다.

조선신궁 건립에는 무려 10년이라는 긴 시간과 엄청난 비용이 들어갔습니다. 신사의 규모는 당시 조선총독부 청사 부지의 4배나 되는 어마어마한 크기였어요. 이는 일제가 조선신궁을 얼마나 중요하게 여겼는지를 잘 보여 줍니다.

조선신궁에서는 아마테라스 오미카미와 메이지 천황을 주신으로 모셨습니다. 일본 제국주의의 상징을 한반도 한가운데에 세운 것이죠. 이를 통해 일제는 자신들의 지배를 신성화하고 정당화하려 했습니다.

조선신궁 주변에는 상중하 3단의 광장이 있었고, 이를 연결하는 긴 계단을 두어 참배객들이 계단을 오르며 점점 더 엄숙한 분위기에 빠져들도록 설계되었습니다.

남산에는 경성신사와 조선신궁 외에도 여러 작은 신사가 있었어요. 그중 하나인 노기신사는 1933년경에 건립되었습니다. 이 신사는 러일전쟁의 영웅 노기 마레스케를 기리는 곳으로, 단순한 종교 시설이 아니라 일본 군국주의를 상징하는 장소였어요.

1 남산 위에서 내려다본 조선신궁.
2 일제강점기 당시 홍보용으로 발행한
  조선신궁 채색 사진엽서.
  384층계의 돌계단과 남산 중턱의
  본전과 배전 구역이 보인다.

각 신사에는 서로 다른 목적과 의미가 있었지만, 결국은 모두 일제의 식민 지배를 강화하는 도구였습니다.

주목할 점은 조선신궁 참배를 강제했다는 것입니다. 학생들은 물론 경성에 사는 한국인들은 이곳에 와서 절을 하고 일본 천황에게 충성을 맹세해야 했습니다. 이를 거부하면 심각한 불이익을 주는 방식으로 우리 민족의 정신과 문화를 짓밟았지요.

신사가 들어서며 남산은 조선을 수호하는 산에서 일제 식민 지배의 상징이 되어 갔습니다. 한때 나라의 안녕을 기원하던 장소가 민족의 고통을 상징하는 곳이 된 것입니다. 남산의 이런 변화는 우리 민족이 겪은 시련과 아픔을 보여 줍니다.

일제강점기와
친일파의 탄생

대한제국의 운명이 기울어 가던 19세기 말과 20세기 초, 이 시기에 일부 조선인은 자기 한 몸의 편안과 이익을 위해 일본에 협력하는 길을 선택했습니다. 이들을 우리는 '친일파'라고 부릅니다.

친일파의 등장은 일제의 교묘한 식민 정책과 밀접한 관련이 있습니다. 일제는 3·1운동 이후 '문화통치'를 하면서 겉으로는 한국인의 문화와 권리를 존중하는 듯했지만, 실제로는 한국인들 사이에 분열을 일으키고 일부를 포섭해 갔습니다. 이런 정책 속에서 일부 조선인은 독립이 불가능하다고 판단하고 일본의 편에 섰습니다.

친일파 중 악명 높은 인물로 송병준을 꼽을 수 있습니다. 1858년 함경남도에서 태어난 송병준은 무과에 합격하여 훈련원 판관

을사늑약 체결 기념사진.

을 지내며 출세의 길을 걸었습니다. 1882년 임오군란 때 생명의
위협을 느껴 일본으로 도망갔다가 돌아온 후, 점점 더 일본과 가
까워졌습니다. 송병준의 가장 큰 '업적'은 일진회라는 친일 단체
를 만든 것입니다. 이 단체를 통해 그는 을사늑약과 한일병합조
약 체결을 적극적으로 도왔습니다. 그 대가로 일본으로부터 작위
를 받고 엄청난 부를 누렸습니다.

　또 다른 대표적인 친일파로 이완용을 들 수 있습니다. 이완용은
처음에는 친미파였지만, 시대의 흐름에 따라 친러파를 거쳐 결국
친일파가 되었습니다. 을사늑약과 한일병합조약을 체결할 때도

이완용.

중심 역할을 했지요. 당대에도 친일로 유명했던 이완용은 끊임없는 비난과 위협 속에 지냈습니다. 집이 불타고, 암살 위협도 받았지만 그는 끝까지 자신의 선택을 후회하지 않았습니다.

윤덕영 역시 악명 높은 친일파입니다. 그는 순종의 장인인 윤택영과 형제였습니다. 윤덕영은 한일병합조약 체결 때 고종과 순종을 협박하여 합병에 동의하도록 강요했고, 그 대가로 자작 작위를 받았습니다. 작위 덕분에 엄청난 부를 누렸는데, 그의 집 '벽수산장'은 당시 조선인이 소유한 가옥 중 가장 컸다고 합니다. 약 1만 6000평(약 5만 2900제곱미터)의 대지에 지하 1층 지상 3층 규모로, 집 안 마당에는 200평(약 660제곱미터) 넓이의 연못까지 만든 호화로운 저택이었습니다.

그들은 나라를 팔아넘긴 대가로 일제로부터 작위와 재물을 받았음에도 많은 경우 아직까지 역사의 심판을 제대로 받지 않았

습니다. 그래서 친일 문제는
아직도 우리 사회의 뜨거운
감자입니다. 일부 친일파 후
손이 그때 모은 재산의 혜택
을 누리고 있기 때문입니다.

순종 국장 당시 윤덕영, 윤택영 형제.

해방 이후, 일본인의 재산
은 적산으로 처리되었지만,
친일파의 재산은 후손들에
게 상속되었습니다. 2006년
부터 2010년까지 활동한 대
한민국 친일반민족행위자 재산조사위원회는 친일 재산을 찾아
국유화했어요. 2007년에는 정미7조약 체결에 찬성한 정미칠적
중 한 명인 송병준의 아들 송종헌의 재산을 국가로 환수하기로
결정했지만, 송병준의 증손자는 헌법 소원을 제기하며 반발하기
도 했지요.

친일파는 한국 근대사의 부끄러운 역사이자 아직 해결할 문제
가 많이 남아 있는 과제입니다.

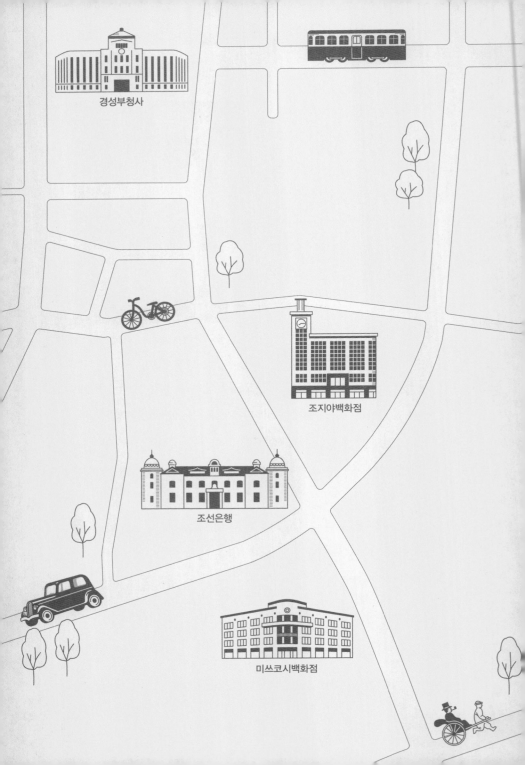

경성부청사

조지야백화점

조선은행

미쓰코시백화점

7장

남대문통을 따라 흐르는
식민지 경제

: 미쓰코시백화점, 조선은행으로 보는
일본 자본의 유입

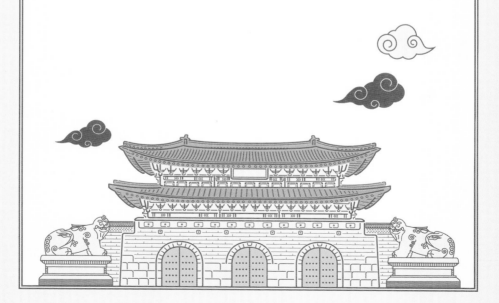

진고개에서 혼마치로

1885년, 일본이 한성에서 시장을 열 수 있는 특권을 얻으면서 일본인들이 한성으로 들어오기 시작했습니다. 그러면서 한성의 모습이 바뀌기 시작했죠.

초기에 일본인들은 남산 기슭의 진고개(지금의 충무로) 주변에 모여 살았습니다. 이 지역이 바로 '남촌'입니다. 청계천을 기준으로 남쪽은 '남촌', 북쪽은 '북촌'으로 불렸는데, 점차 일본인 거주지와 한국인 거주지로 확연하게 분리되었습니다. 남촌은 지금의 충무로, 명동, 을지로 일대에 해당합니다. 이 지역은 수도, 전기, 가스 등 근대적 시설이 들어서고 번화한 상가가 형성되어 '작은 동경'이라 불리게 되었습니다. 조선인들의 거주지인 북촌은 종로를 중심으로 한옥 마을을 이루었지요. 일본인들이 이 지역을 골랐던 이유는 두 가지였습니다.

첫째, 이곳은 임진왜란 때 일본군이 머물렀던 곳입니다. 왜성대로 불리기도 했던 만큼, 일본인들에게 의미 있는 장소였기 때문이에요. 둘째, 남대문과 가까워서 장사하기 좋았기 때문입니다.

일본인들이 모여 살기 시작하면서 이 지역에는 일본식 건물들이 생기고, 일본 음식을 파는 가게들도 생겼어요. 또 일본인들을 위한 여러 시설도 생겼는데, 1885년에는 일본 영사관이 세워졌고, 1886년에는 일본인 아이들이 다니는 학교도 생겼습니다.

이 시기에 일본인들은 주로 천을 비롯한 여러 물건을 팔았습니다. 일본에서 물건들을 가져와 팔았는데, 이런 물건들이 한성 사람들의 생활에 영향을 주기 시작했어요. 특히 값싸고 쓰기 편한 일본 물건들은 한국인들 사이에서도 인기가 있었습니다.

이때까지만 해도 일본인들은 주로 진고개 근처에서만 살며 장사를 했습니다. 남대문통(지금의 남대문로)까지는 진출하지 않았어요. 이런 상황은 1904년에 시작된 러일전쟁을 기점으로 크게 바뀝니다.

러일전쟁에서 이긴 일본은 한성에서 더 큰 영향력을 갖게 되었습니다. 이제 일본인들은 진고개를 넘어 남대문통으로 진출하기 시작했어요. 먼저 1905년부터 남대문에서 진고개까지 이어지는 길 주변의 땅을 사들여 길을 넓히고 포장했습니다. 이 과정에서 많은 한성 사람이 살던 터전을 떠나야 했습니다.

이렇게 길을 고치는 것은 단순히 다니기 좋게 만드는 것 이상의 의미가 있었습니다. 넓고 반듯한 길은 일본이 '문명'을 가져왔다는 것을 보여 주는 동시에 일본인들이 더 쉽게 장사할 수 있도록 해 주었습니다.

길이 좋아지면서 남대문통의 모습도 크게 바뀌었습니다. 한옥 대신 서양식이나 일본식 건물들이 들어섰습니다. 1907년에는 일본 제일은행 한성 지점이 남대문통에 돌로 지은 웅장한 건물을 세웠습니다. 이는 일본의 자본이 본격적으로 들어오기 시작했다는 것을 의미합니다.

1910년 한일 강제 병합 이후에는 일본인들이 남대문통을 거의 다 차지하게 되었습니다. 많은 일본 회사가 이 지역에 지점을 열었고, 일본인들을 위한 가게와 놀이 시설도 더욱 늘어났어요. 1915년쯤에는 남대문통의 가게 대부분이 일본인 소유가 되었습니다.

주목할 만한 점은 큰 백화점들이 생긴 것입니다. 1906년에 미쓰코시백화점이 처음 문을 열었고, 1920년대에는 조지야, 미나카이 같은 백화점이 잇달아 생겼어요.

남대문통은 이제 '혼마치'라는 일본식 이름으로 불렸습니다. 한때 한성의 상업과 문화의 중심지였던 남대문통은 이제 감히 넘볼 수 없는 일본의 경제력, 영향력을 보여 주는 곳이 되었지요.

그러면서 한국인들의 생활 문화도 많이 바뀌었어요. 일본 음식이 널리 퍼지고, 옷 입는 방식도 바뀌었습니다. 일본어를 배우는 사람도 늘어났어요. 새로운 생긴 문화 시설들을 이용하기도 했지요. 영화관에 가서 영화를 보고, 서양 음악을 들을 수 있는 곳에서 청음을 하고, 일본식 목욕탕에 가기도 했어요.

하지만 한국인이 장사하기는 점점 어려워졌습니다. 남대문통에서 밀려난 한국인 상인들이 청계천 북쪽의 종로 지역으로 옮겨 가며, 한성의 상업 지역은 남쪽(일본인 중심)과 북쪽(한국인들 중심)으로 나뉘게 되었습니다.

'모던 보이'와 '모던 걸'의 아지트, 백화점

당시 백화점은 쇼핑 공간을 넘어 사회의 문화적, 경제적 변화를 집약적으로 보여 주는 무대였습니다.

백화점의 역사는 1906년으로 거슬러 올라갑니다. 일본의 거대 재벌 미쓰이그룹이 한국에 진출하면서 지금의 명동에 미쓰코시백화점 경성 지점을 열었습니다. 한반도에 들어선 최초의 근대적 백화점으로, 당시로서는 매우 혁신적인 시설이었어요. 이를 시작으로 1920년

1 조선은행 건너편에 위치한 미쓰코시백화점의 외관을 담은 사진엽서. 옥상에는
  미쓰코시 회사의 깃발이, 출입구에는 일장기가 교차하여 게양되어 있다.
2 지금의 신세계백화점 모습.

대부터 본격적으로 백화점들이 들어서며 새로운 쇼핑 시대가 열렸습니다.

1921년, 조지야백화점이 지금의 롯데영플라자 본점 자리에 문을 열었습니다. 이어서 1922년에는 미나카이백화점이 충무로에, 1926년에는 히라타백화점이 충무로 입구에 각각 들어섰습니다. 이들 백화점은 각각 특색이 있었어요. 조지야와 미나카이는 고급 양복점으로 유명했고, 히라타는 재고품 판매점으로 알려져 있었습니다.

그중에서도 가장 주목받은 것은 단연 미쓰코시백화점이었습니다. 1927년, 미쓰코시백화점은 지금의 신세계백화점 본점 자리로 이전했습니다. 원래 경성부청사가 있던 자리였는데, 청사가 현재의 서울시청 자리로 이전하면서 생긴 빈 자리를 활용한 것이었어요. 1930년 10월, 미쓰코시백화점은 대대적인 리모델링을 거쳐 재개장했습니다.

새로운 미쓰코시백화점은 대지 2400제곱미터, 건물 연면적 7600제곱미터에 달하는 거대한 규모였고, 종업원 360여 명을 고용했습니다. 이는 당시 한반도와 만주를 통틀어 최대 규모였습니다. 건물 내부는 최신식 시설로 가득했습니다. 방문객들은 당시 첨단의 설비였던 엘리베이터, 에스컬레이터와 같은 근대화의 세례를 받았지요.

미쓰코시백화점의 고객들은 주로 일본인이었지만, 한국인 상류층도 이곳을 자주 찾았습니다. 신문 기사에 따르면 이 백화점의 단골 중 약 30퍼센트가 한국인이었다고 합니다. 이곳에서 판매되는 양말,

넥타이, 화장품 등은 최상품으로 손꼽혔고, 비싼 가격에도 불구하고 많은 이가 찾는 커피숍도 있었습니다.

백화점은 물건을 사고파는 곳만이 아니었어요. 그곳은 근대 문명의 상징이자, 새로운 생활 방식을 제시하는 공간이었습니다. 쇼핑뿐만 아니라 문화생활을 즐기는 복합 공간이기도 했지요. 음악회, 미술 전시회, 영화 상영 등 다양한 문화 행사는 사회에 새로운 문화적 자극을 주었습니다.

특히 백화점은 '모던 걸'과 '모던 보이'들에게 중요한 공간이었습니다. '모던 걸'들은 이곳에서 최신 유행 의상과 화장품을 구입하며 자신들의 정체성을 표현했어요. 여성들의 사회 진출이 늘어나면서, 백화점은 그들의 경제력과 취향을 과시할 수 있는 무대가 되었습니다. 백화점에서 쇼핑을 즐기는 '모던 걸'은 새로운 여성상을 만들어 갔습니다.

'모던 보이'들에게도 백화점은 매력적인 공간이었습니다. 그들은 이곳에서 최신 양복과 구두, 모자 등을 구입하며 세련된 신사의 모습을 갖추었어요. 또한 백화점의 카페나 레스토랑은 '모던 보이'들이 자신들의 지적인 면모를 과시하고 사교를 나누는 장소로 활용되었습니다.

백화점은 대부분 일본 자본으로 운영되었고 그 이익은 일본 본국으로 흘러갔기에 백화점의 번창은 곧 식민국의 번영과 같았습니다.

또한 일본 백화점은 전통적인 충무로의 한국인 상권을 위협했어요. 1936년경 충무로는 일대의 상점 92퍼센트를 일본인이 경영할 정도였습니다.

이에 대한 반작용으로 1930년대에는 한국인 자본의 백화점도 등장했습니다. 1931년, 청년 사업가 박흥식이 종로의 화신상회를 인수하여 화신백화점으로 발전시켰어요. 화신백화점은 한국인들에게 큰 자부심을 안겨 주었고 민족의 경제력을 상징하게 되었죠. 1937년에는 지하 1층, 지상 6층의 건물에 엘리베이터까지 설치한 초현대식 건물로 변신하여 장안의 화제가 되었습니다.

해방 이후, 일본인들이 운영하던 백화점들은 새로운 주인을 맞이했습니다. 미쓰코시백화점은 1955년 동화백화점으로 바뀌었다가 1963년 삼성그룹이 인수하며 오늘날 오늘날의 신세계백화점이 되었습니다. 조지야백화점은 미도파백화점을 거쳐 지금의 롯데백화점이 되었어요.

시대는 변했지만, 이 거리는 여전히 쇼핑과 문화의 중심지로 많은 이들이 찾고 있습니다. 현대의 '모던 보이'와 '모던 걸'들이 스마트폰을 들고 이 거리를 누비고 있지요.

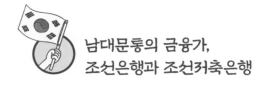

남대문통의 금융가,
조선은행과 조선저축은행

  남대문통은 일제강점기 동안 조선의 경제와 금융을 좌우하는 핵심 지역으로 부상했습니다. 남대문통의 경제적 중요성은 주요 금융 기관의 설립으로 더욱 강화되었습니다. 그중에서도 조선은행의 설립은 일제의 금융 지배 정책을 상징하는 사건이었습니다. 조선은행은 1909년 한국은행이라는 이름으로 설립되었다가, 일제의 강점과 함께 1911년 조선은행으로 개편되었습니다. 이 은행은 중앙은행 역할을 수행하며 화폐 발행권을 독점했습니다.

  조선은행은 금융 기관을 넘어 일제의 대륙 침략 정책을 뒷받침하는 역할도 수행했습니다. 조선은행이 조선은행권을 발행한 것은 단순한 화폐 발행이 아니었거든요. 겉보기엔 그냥 새 돈을 만든 것처럼 보이지만, 사실은 훨씬 더 큰 의도가 있었어요. 일본은 한국에서 조선은행권을 자기 나라 돈처럼 마음껏 쓰게 만들었어요. 그 결과, 한국 경제는 점점 일본의 경제에 종속되었고, 한국 사람들은 우리나라 경제를 마음대로 운영할 수 없게 되었죠. 일본은 한국의 자원과 노동력을 자기 이익을 위해 쉽게 이용할 수 있었고요.

  게다가 일본이 대륙 침략 전쟁을 벌이려 할 때, 더 많은 조선은행권을 찍어 냈어요. 1917년부터는 조선은행권이 만주에서도 통용되

1 일제강점기 경제 수탈의 중심이었던 조선은행 본점.
　조선은행 본점 앞쪽에는 여러 대의 인력거가 서 있으며, 그 앞으로 전차가 지나가고 있다.
2 지금의 한국은행.

기 시작했고, 1929년에 이르러서는 한국 내 10개 지점 외에도 일본, 만주, 중국, 연해주, 심지어 미국에까지 지점을 설립했습니다. 이는 조선은행이 일제의 대륙 진출에 깊이 관여하고 있었음을 보여 줍니다. 결국 한국 사람들의 돈과 자원이 일본의 침략 전쟁에 이용된 셈이죠.

한편 조선저축은행의 설립도 남대문통의 금융 중심지로서의 위상을 높이는 데 일조했습니다. 1933년 착공하여 1935년에 준공된 조선저축은행 본점 건물은 신바로크 양식의 웅장한 석조 건물로, 당시 최신식 시설을 자랑했어요. 이 은행은 서민 금융을 내세우며 설립되었지만, 실제로는 다른 은행들과 마찬가지로 조선인들을 수탈하는 기관으로 기능했습니다.

일본의 주요 금융 기관인 제일은행, 백삼십은행, 십팔은행 등의 지점들도 이 지역에 잇따라 들어섰습니다. 또한 동양 척식 주식회사와 같은 일제의 핵심 경제 침략 기관도 이곳에 자리 잡았어요. 이 회사는 한국의 토지를 대규모로 매입하여 일본인들에게 팔아넘기는 역할을 했습니다.

경성 전기 주식회사, 미쓰이 물산 주식회사의 경성 지점 등 일본 재벌 계열의 주요 회사들도 이 지역에 진출했습니다. 이러한 금융 기관들과 기업들, 그리고 백화점과 극장 등의 문화 시설이 들어서면서 남대문통은 '경성의 긴자'라고 불릴 만큼 번화한 거리로 변모했어요.

이처럼 남대문통은 상업 지구를 넘어 일제의 경제 지배 정책이 구현되는 공간이었습니다. 조선은행과 조선저축은행을 비롯한 금융 기관들은 겉으로는 근대적 금융 시스템의 도입을 내세웠지만, 실질적으로는 조선의 자본을 일본으로 유출하고 조선 경제를 일본 경제에 종속시키는 도구로 활용되었습니다. 이들 기관은 한국인들의 저축을 흡수하여 일본 기업의 조선 진출을 지원하거나, 일본의 대륙 침략을 위한 자금줄로 기능했습니다. 오늘날 남대문통 일대를 걷다 보면 여전히 그 시절의 흔적을 찾아볼 수 있습니다.

경성의 거리를 누비는
모던 보이와 모던 걸

조선시대의 한성에서 근대 도시 경성으로 변화할 때, 그 변화의 중심에는 '모던 보이'와 '모던 걸'이라 불리는 새로운 세대가 있었죠.

경성의 풍경은 날이 갈수록 달라졌습니다.

남성들은 한복과 상투 대신 양복에 넥타이를 매고, 중절모를 쓰기 시작했죠. 여기에 구두를 신고, 지팡이나 손목시계 같은 액세서리를 더하기도 했습니다.

여성들의 변화는 더욱 눈에 띄었습니다. 긴 치마와 저고리 대신 블라우스에 망토를 걸치고, 양장 치마를 입었습니다. 단발머리도 유행하기 시작했습니다. 여성들은 파마로 머리를 손질하고, 화장품을 사용하며 전과 다른 모습으로 외모를 가꾸었죠.

이렇게 서양식 옷차림을 한 젊은이들을 사람들은 '모던 보이'와

영락정(지금의 중구 저동)에 위치한 카페 바론.
1927년에 창업한 카페 바론에는 18명의 직원이 있었다.

'모던 걸'이라고 불렀습니다. 이들 사이에서는 남녀가 함께 산책
을 하거나 영화를 보러 가는 것이 유행했습니다. 댄스홀에서 춤
을 추는 것도 인기 있는 여가 활동이었지요.

음식 문화도 크게 변했습니다. 길거리의 주막에서 국밥 한 그릇
으로 끼니를 해결하던 시대는 지나갔습니다. 그 대신 서양식 레
스토랑이 생겨나기 시작했고, 그곳에서는 돈가스나 카레라이스
같은 새로운 음식을 맛볼 수 있었습니다.

젊은이들의 새로운 아지트로 다방과 카페가 등장했습니다.
1927년 문을 연 '카카듀'는 서울 최초의 다방으로 알려져 있습니

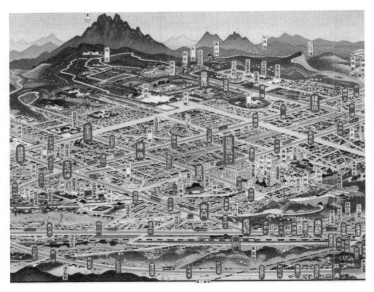

경성 전기 주식회사에서 만들었던 경성 전차 안내 지도의 일부.
동대문, 창경원, 본정 등 전차가 정차했던 역은 물론
안동, 수원, 상하이와 도쿄 등 대략적인 지리도 표시되어 있다.

다. 다방은 단순히 차를 마시는 곳이 아니라 문화인들이 모여 이
야기를 나누는 사교의 장소였습니다.

모던 보이와 모던 걸 들은 이런 새로운 공간에서 자유롭게 교제
하며 새로운 문화를 만들어 갔습니다. 그들은 최신 유행을 따르
고 영화를 보며 재즈 음악을 들었습니다. 물론 이런 생활은 일반
서민들에게는 그림의 떡이었습니다. 커피 한 잔 값이 노동자의

하루 일당과 맞먹을 정도였으니까요.

　근대화의 물결 속에서 사회 전체가 크게 변하고 있었습니다. 새로운 기술과 문물이 들어오면서 사람들의 생각과 가치관도 달라졌습니다. 전통적인 가족 제도가 흔들리기 시작했고, 여성의 사회 진출도 조금씩 늘어났습니다.

조선식산은행

동양 척식 주식회사

명동성당

8장

명치정과 황금정을 장악한 일본인

: 나석주와 조선식산은행, 이재명과 명동성당

명치정과 황금정, 경성의 중심이 되다

　19세기 말, 한성에서 거주하는 일본인 수는 매우 적었습니다. 일본이 본격적으로 조선을 침략하려고 하면서 상황이 변했지요. 특히 청일전쟁과 러일전쟁이 끝나면서 한성의 일본인 증가세는 더욱 심화했습니다.

　일본인 거류민(남의 나라에 사는 사람)의 급증은 자연스럽게 그들의 거주 지역 확장으로 이어졌습니다. 초기에는 진고개와 남대문 주변에 국한되어 있던 일본인 거류지는 회현동(당시 욱정), 명동, 저동(당시 영락정) 등 동쪽으로 확장되었고, 을지로 이남 지역까지 넓게 퍼져 나갔습니다.

특히 명치정(지금의 명동)은 일본인들의 새로운 중심지로 빠르게 부상했는데, 그 못지않게 황금정(지금의 을지로)도 일본인들의 주요 활동 무대가 되어 갔습니다. 일본인들은 이곳에 금융 기관과 회사들을 속속 설립하기 시작했습니다.

특히 황금정에 자리 잡은 동양 척식 주식회사는 일제의 경제 침탈을 상징하는 대표적인 회사였습니다. 이 회사는 조선의 토지와 자원을 수탈하기 위해 설립되었어요. 조선의 토지를 매입하고, 일본인들의 조선 이주를 장려하며, 각종 산업에 투자하는 등 다양한 방식으로 조선의 경제를 장악해 나갔습니다. 동양 척식 주식회사를 통해 일본은 조선의 경제 구조를 자신들에게 유리한 방향으로 재편해 나갔습니다.

황금정에는 여러 일본 기업의 지점들도 들어섰습니다. 미쓰이, 미쓰비시 등 일본의 대표적인 재벌 기업들이 이곳에 지점을 설립했어요.

이들 기업은 조선의 자원을 일본으로 가져가는 데 주요한 역할을 했습니다. 조선의 광산에서 캐낸 광물, 농촌에서 생산된 쌀 등 각종 자원과 생산물들이 이들 기업을 통해 일본으로 반출되었습니다. 이는 조선의 경제를 일본에 종속시키는 결과를 낳았습니다.

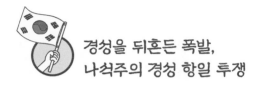

경성을 뒤흔든 폭발,
나석주의 경성 항일 투쟁

 1926년 12월 28일, 한겨울의 차가운 바람이 불던 경성의 거리에 갑작스러운 폭발음이 울려 퍼졌습니다. 폭발음의 주인공은 의열단원 나석주였습니다.

 나석주가 목표로 삼은 곳은 조선식산은행과 동양 척식 주식회사였습니다. 두 곳은 일제의 경제 수탈을 상징하는 곳이었어요. 조선식산은행은 1918년에 설립된 은행으로, 일본인에게 대출을 해 주어 그들이 조선의 땅을 사들이고 기업을 세우는 데 도움을 주었습니다. 한편 동양 척식 주식회사는 1908년에 만들어진 일본의 국책 회사로, 조선의 땅을 빼앗아 일본인들에게 넘겨주는 역할을 했습니다. 이 두 기관 때문에 많은 조선 농민이 땅을 잃고 고향을 떠나야 했습니다.

 1892년 황해도 재령군의 한 소작농 가정에서 태어난 나석주는 가난한 집안 형편 때문에 어릴 적부터 일제의 수탈로 고통받는 농민의 삶을 가까이에서 지켜보며 자랐습니다. 어린 나이에 결혼해 가장으로서 책임을 져야 했지만, 배움에 대한 열정은 식을 줄 몰랐습니다. 주변의 만류에도 불구하고 16세에 보명학교에 입학한 나석주는 4년 만에 졸업하고 이어서 안악의 양산학교에 진학했어요.

 양산학교에서 나석주는 인생의 전환점을 맞게 됩니다. 그곳에서

만난 김구 선생님의 가르침은 그의 애국
심에 불씨를 지폈고, 이는 후에 그를 독립
운동의 길로 이끄는 원동력이 되었습니다.

나석주.

3·1 운동이 일어났을 때, 나석주는 주
저 없이 만세 시위에 참여했습니다. 동지
들과 함께 밤새 태극기를 만들어 배포하
고, 재령군 북면 내종리 장터에서 만세 시위
를 주도했습니다. 이후 체포돼 옥고를 치르기도
했지만, 이는 오히려 그의 독립 의지를 더욱 굳건하게 만들었어요.

출옥 후 나석주는 더욱 적극적인 독립운동을 펼치기 시작했습니
다. 그는 동지들과 함께 '권총단'을 조직하여 군자금을 모금하고 친
일파를 처단하는 등의 활동을 펼쳐요. 그러나 일제의 감시가 심해지
자 1920년 9월, 중국으로 망명의 길을 택합니다.

중국 상하이에 도착한 나석주는 대한민국임시정부를 찾아가 김
구를 다시 만나게 됩니다. 이곳에서 그는 임시정부 경무국 경호원으
로 일하며 독립운동에 매진했습니다. 그러던 중 나석주는 의열단의
존재를 알게 되고, 그들의 과감하고 적극적인 항일 투쟁 방식에 깊
은 감명을 받습니다.

의열단은 1919년 만주에서 김원봉을 중심으로 결성된 무장 독립
단체로, 일제의 주요 인물들을 암살하고 식민 통치 기관을 파괴하는

1 조선식산은행 본점의 사진엽서.
2 지금의 롯데백화점.

등의 과감한 행동으로 유명했습니다. 나석주는 의열단의 이념과 행동 강령에 전적으로 공감하며 1926년 의열단에 가입하게 됩니다.

의열단원이 된 나석주는 오랫동안 꿈꿔 왔던 대규모 의거를 계획하기 시작합니다. 그리고 한국인들의 원한이 가장 깊은 곳인 조선식산은행과 동양 척식 주식회사를 대상으로 정했습니다.

나석주는 폭탄과 권총을 준비하고, 1926년 12월 말 홀로 조선에 잠입합니다. 그는 중국인 노동자로 위장하여 인천항을 통해 입국한 뒤, 경성으로 향했습니다. 경성에 도착한 뒤에는 며칠 동안 목표물 주변을 세밀히 답사하며 의거 계획을 다듬었습니다.

12월 28일. 드디어 의거의 날이 밝았습니다. 그날 오후 2시, 나석주는 먼저 조선식산은행으로 향했습니다. 은행으로 들어가서는 대출 창구의 철창 너머로 폭탄을 던졌습니다. 그러나 예상과 달리 폭탄은 불발되었습니다.

나석주는 당황했지만, 냉정을 되찾고 곧바로 다음 목표를 향해 움직였습니다. 조선식산은행에서 약 200보 정도 떨어진 동양 척식 주식회사로 빠르게 이동했습니다. 최대한 평범한 행인처럼 보이려 노력한 덕에 아무도 그를 의심하지 않았습니다.

동양 척식 주식회사에 도착한 나석주는 먼저 건물 1층 수위실로 들어가 일본인 수위 다카기 요시에를 권총으로 사살했습니다. 이어서 재빨리 2층으로 올라갔어요. 그 와중에 총소리를 듣고 뒤따라 올라오던 사원 다케 지코를 계단에서 쏘아 쓰러뜨렸습니다.

2층에 도착한 나석주는 토지 개량부 기술과로 들어갔습니다. 맞은편 의자에 앉아 있던 기술과 차장 오모리 다로를 쏴서 넘어뜨렸고, 도망가려는 과장 아야타 유타카에게도 총을 발사했습니다. 이어서 남은 폭탄을 던졌지만, 이 폭탄 역시 불발되고 말았습니다.

나석주는 빠르게 건물 밖으로 빠져나왔습니다. 인근의 조선철도 주식회사 수위실을 지나면서는 그곳에 있던 마쓰모토 사쿠이치와 다른 한 명에게도 총격을 가했습니다. 도주 과정에서는 우연히 마주친 경기도 경찰부 소속의 다바타 유지 경부를 사살했습니다. 일본 경찰들의 본격적인 추격이 시작되었고, 나석주는 황금정(지금의 을지로) 거리를 따라 치열한 총격전을 벌이며 달렸습니다. 점점 더 많은 경찰들이 합류하면서 포위망을 좁혀 갔습니다.

황금정 2정목에 이르렀을 때, 나석주는 더 이상 도망갈 수 없다는 것을 깨달았습니다. 나석주는 자신의 가슴에 총알 세 발을 쏘았어요. 그 자리에서 쓰러졌고, 일본 경찰에 의해 병원으로 옮겨졌지만 네 시간 후 숨을 거두었습니다. 그의 나이 35세였어요.

나석주의 의거로 일본인 세 명이 즉사했고, 네 명이 중상을 입었습니다. 이 사건은 일제에 큰 충격을 주었습니다. 조선총독부는 이 사건의 파장을 우려해 보도를 금지했고, 17일이 지난 1927년 1월 14일에야 언론을 통해 사건의 전모가 알려졌습니다.

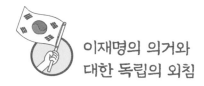

이재명의 의거와
대한 독립의 외침

　나석주의 의거가 있기 18년 전, 한겨울의 추위 속에서 이재명이라는 젊은 애국지사가 일제의 압제에 맞서 싸웠습니다. 1909년 12월의 추운 겨울날, 명동성당 앞으로 눈을 돌려보겠습니다.

　이날 명동성당에서는 특별한 행사가 열리고 있었습니다. 바로 벨기에의 레오폴드 2세 황제의 추도식이었습니다. 레오폴드 2세는 아프리카 콩고를 침략하여 식민지로 만들고 '콩고 자유국의 국왕'이라 자칭했던 인물로, 그의 통치 아래 콩고의 인구는 30년 만에 거의 절반으로 줄어들었다고 합니다. 이런 제국주의 침략자를 위한 추도식에 대한제국의 총리대신이었던 이완용이 참석하기로 했습니다.

　한겨울의 차가운 공기가 명동의 거리를 감싸고 있었어요. 명동성당 앞은 평소보다 분주했습니다. 이날의 추위는 유난히 매서웠고, 사람들은 두꺼운 외투를 입고 발걸음을 재촉했습니다.

　성당 근처에서 한 청년이 군밤을 파는 모습이 눈에 띄었습니다. 그는 이재명이라는 20대 초반의 젊은이였어요.

　이재명은 1890년 평안북도 선천에서 태어났습니다. 그의 성장기는 대한제국이 외세의 침략에 시달리던 시기와 맞물렸던 탓에 어린 시절부터 나라의 운명을 고민하며 애국심이 커졌어요.

▲ 이토 히로부미.

"조선을 정벌한 공을 기리고, 관리를 이어받은 이들이 서로 우정을 다지자."라는 내용.
조선 침략의 정당성을 내세우기 위한 선전물로 제작된 것으로 보인다.

열다섯 살이 되던 해, 이재명은 미국 하와이로 노동 이민을 떠났
습니다. 낯선 땅에서의 고된 노동은 그에게 조국의 소중함을 더욱
깊이 느끼게 해 주었죠. 하와이에서 그는 안창호 등이 이끄는 독립
운동 단체인 공립협회를 만나게 되고, 공립협회에서의 활동은 이재
명에게 독립운동의 방향과 의미를 깨닫게 해 주었습니다.

1907년, 정미7조약의 체결 소식을 듣고 이재명은 더 이상 가만히
있을 수 없다고 판단했습니다. 그는 조국의 독립을 위해 직접 행동
에 나서기로 결심하고 귀국길에 올랐습니다. 귀국 후 이재명은 동지

들과 함께 매국노 처단 계획을 수립했습니다. 처음에는 일제 침략의 원흉인 이토 히로부미를 처단하려 했으나, 1909년 10월 안중근 의사가 이토 히로부미를 처단하자 계획을 수정했습니다.

이재명과 그의 동지들은 을사늑약 체결에 앞장섰던 이완용과 일진회 회장 이용구를 새로운 목표로 삼았어요. 그들은 정보 수집, 무기 구입, 자금 조달, 실행 등의 역할을 나누어 맡았습니다. 이재명은 직접 행동 대원으로 나서기로 했고, 동지들과 함께 목표의 동선을 파악하고 암살 시도의 최적 시기를 찾아 나섰습니다.

그리고 마침내 그날이 왔습니다. 이재명은 군밤 통 앞에서 장사하는 척 서성거리며 주변을 예의 주시했습니다. 그의 손은 추위 때문인지, 아니면 초조해서인지 미세하게 떨렸습니다. 그는 간간이 군밤을 파는 척 소리를 치며 자연스럽게 행동하면서 눈으로는 성당 출입구를 살폈습니다.

오전 11시 30분, 성당의 종소리가 추도식이 끝났음을 알렸습니다. 사람이 하나둘 성당에서 나오기 시작했고 이재명의 긴장감은 극에 달했습니다. 그의 심장은 마치 가슴을 뚫고 나올 것처럼 격렬하게 뛰었을 것입니다.

이완용이 몇몇 수행원들과 함께 성당에서 나오는 모습이 보였습니다. 이완용은 추위 때문인지 모직 코트의 깃을 세우고 있었고, 그의 앞에는 인력거가 대기하고 있었습니다. 그때였습니다. 이재명의

명동성당.

눈이 번쩍 빛났습니다. 그는 군밤 통을 거칠게 내던졌어요.

이재명은 번개 같은 속도로 품속에서 꺼낸 날카로운 단도를 들고 이완용에게 달려들었습니다. 첫 번째 공격은 이완용의 허리를 향했습니다. 날카로운 칼날이 이완용의 두꺼운 코트를 뚫고 들어갔습니다. 이완용은 고통스러운 비명을 지르며 인력거에서 떨어졌습니다.

놀란 이완용이 바닥을 기어 도망가려 하자 이재명은 그를 쫓아가 복부와 어깨를 연이어 찔렀습니다. 이완용의 비명과 함께 주변은 순식간에 아수라장이 되었습니다.

이완용의 경호원들이 정신을 차리고 달려오고 있었지만, 이재명은 이미 자신의 목적을 달성했다고 생각했죠. 경호원들에게 체포되는 와중에도 이재명은 태연한 모습을 보였습니다. 하지만 이재명의 의도와는 달리, 이완용은 죽지 않았어요. 갈비뼈 사이로 폐를 찔리는 중상을 입었지만, 곧바로 대한의원으로 옮겨져 응급 처치를 받았어요. 당시 최고 수준의 의료 기술로 이완용의 목숨을 살렸고, 이는 나중에 한국 최초의 흉부외과 수술로 기록되었습니다.

1910년 5월 18일, 이재명은 사형 선고를 받았습니다. 이재명은 1910년 9월 30일, 경성감옥에서 순국했습니다. 그의 나이 불과 스물한 살이었습니다. 이재명의 동지들도 옥고를 치렀습니다. 이동수, 조창호, 김정익 등 열한 명의 관련자는 송병준, 이용구 등 다른 매국노들의 암살을 준비하다 체포되어 중형을 선고받았습니다.

안중근의
사진 독립운동

　1863년, 조선 외교 사절단이 베이징의 러시아 공사관에서 조선 사람 최초로 사진을 접하게 됩니다. 이후 조선에도 사진 기술이 도입됩니다. 1880년대에 이르러 '촬영국'이라는 사진 시설이 생겼지만 여전히 사진은 특권층의 전유물이었죠.

　큰 변화는 1907년에 찾아옵니다. 석정동(지금의 중구 소공동)에 조선 최초의 상업 사진관 '천연당'이 문을 엽니다.

　천연당의 개업으로 일반 국민도 자신의 모습을 사진으로 남길 수 있게 되었죠. 사진 제작에 10-15일이 걸렸음에도 불구하고, 매달 천 명이 넘는 사람이 이곳을 찾았다고 합니다.

안중근 의사
손바닥 도장.

의거 이후 만들어진 엽서 가운데
하나로, 한국에는 암살을
약속하고 약지를 절단하는
풍습이 있다는 왜곡된 설명이
적혀 있다.

일제강점기에 들어서면서 사진은 저항의 도구이자 억압의 대
상이 되었습니다. 유명한 사례로 안중근 의사의 사진이 있습
니다.

1909년 안중근 의사가 이토 히로부미를 저격한 후, 일본은 이를
조선인의 '야만성'을 보여 주는 증거로 사용하려 했습니다. 그들
은 안중근 의사의 단지한 손가락과 사용한 총을 함께 편집한 사
진엽서를 제작했습니다.

그러나 이 사진은 일본의 의도와는 정반대의 결과를 낳았어요.

의거 직후 안중근 의사.

조선인들에게 이 사진은 야만성의 증거가 아닌, 독립을 위해 자신의 모든 것을 바친 영웅의 모습으로 받아들여졌습니다. 안중근 의사의 사진은 순식간에 퍼져 나갔고, 많은 이들의 가슴에 독립의 불씨를 지피는 역할을 했습니다.

이에 당황한 일제 당국은 서둘러 이 사진의 판매와 소지를 금지합니다. 심지어 사진을 갖고 있다는 이유로 사람들을 체포하기도 했습니다.

안중근 의사의 사진이 미친 영향력은 대단했습니다. 독립운동가 송학선은 안중근 의사의 사진을 보고 조선 총독 암살을 결심했다고 해요. 한 장의 사진이 한 사람의 인생을 바꾸고, 나아가 역사의 흐름에 영향을 미친 것입니다.

이처럼 일제강점기 동안 사진은 단순한 기록 매체를 넘어 민족의식과 독립운동에 중요한 역할을 했습니다. 특히 안중근 의사의 사진은 한국인들의 저항 정신을 상징하는 강력한 도구가 되었습니다.

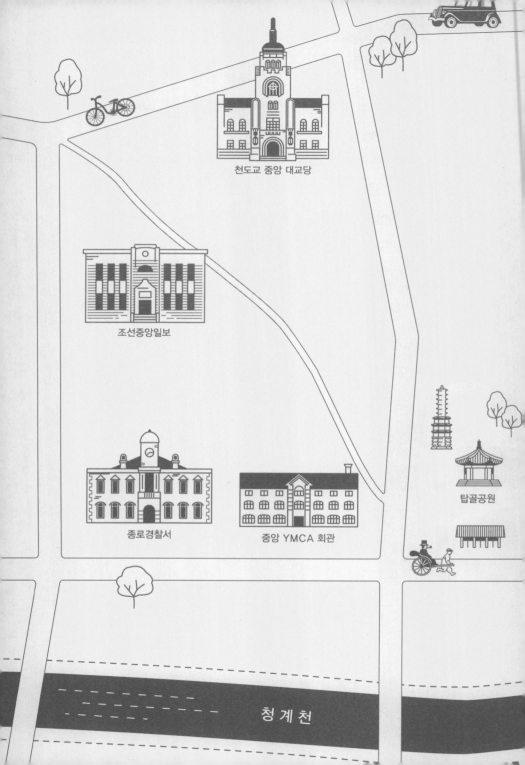

천도교 중앙 대교당

조선중앙일보

종로경찰서

중앙 YMCA 회관

탑골공원

청 계 천

9장

종로통의
꺾이지 않는 독립 의지

: 김상옥과 종로경찰서,
손기정과 조선중앙일보

경성 피스톨 김상옥,
불꽃 같은 삶을 살다

　1923년 1월 12일, 한겨울의 추위가 뼛속까지 스며드는 밤이었습니다. 경성 종로통 일대는 평소와 다름없이 고요했죠. 하지만 이 고요함은 곧 산산조각 나고 말았습니다. 저녁 8시 10분, 종로경찰서 근처에서 갑자기 큰 폭발음이 들렸기 때문입니다. 폭발의 주인공은 뛰어난 총잡이로 명성을 떨친 '경성 피스톨' 김상옥 의사였습니다.

　그는 종로경찰서 서편 '통일당'이라는 간판집 모퉁이에서 경찰서를 향해 폭탄을 던졌죠. 폭탄은 정확히 종로경찰서 창문에 맞고 폭발했습니다. 독립운동가들을 탄압하는 핵심 기관이었던 종로경찰서는 큰 타격을 입었죠. 곧 종로통 일대는 아수라장이 되었습니다.

의거 직후 김상옥은 재빨리 현장을 빠져나와 용산 삼판통(지금의 후암동)에 있는 매부 고봉근의 집으로 몸을 숨겼습니다. 이곳은 다음 목표인 조선 총독 사이토 마코토를 처단하기 위해 전략적으로 선택한 장소였습니다. 이후, 일제는 총력을 기울여 종로통 일대에서 범인 수색에 나섰습니다. 수많은 한국인이 검문검색을 받았죠. 일제는 쉽사리 김상옥의 흔적을 찾지 못했습니다. 그가 계속해서 은신처를 옮겨 다니며 추적을 피했기 때문입니다. 그는 승복을 입고 스님으로 변장하거나 눈 위에 발자국을 거꾸로 남기는 등의 방법으로 경찰을 따돌렸죠. 이 과정에서 그의 뛰어난 임기응변 능력과 강인한 정신력이 빛을 발했습니다.

하지만 1월 17일, 결국 일제 경찰이 김상옥의 은신처를 찾아냈습니다. 새벽 3시, 고봉근의 집이 일본 경찰에게 포위되었죠. 김상옥은 이 위기를 또 한 번 벗어났습니다. 그는 권총 두 자루로 맞서 싸운 끝에 일본 경찰을 쓰러뜨리고 탈출에 성공했습니다. 김상옥은 다시 은신처를 옮겨 같은 독립운동 동지인 이혜수 집으로 숨었습니다. 치료를 받으며 다음 거사를 준비했죠. 일제는 포위망을 점점 더 좁혀 오고 있었습니다.

1923년 1월 22일 새벽, 김상옥의 마지막 은신처마저 발각되고 말았습니다. 경기도 경찰부장 우마노가 총지휘를 맡고, 보안과장 후지

1 화신백화점 앞 종로 네거리 사진엽서.
　전차 뒤쪽으로 화신백화점 신관, 시계포, 양품점, YMCA 건물이 줄지어 있다.
2 지금의 종로 네거리 모습.

모토가 부지휘관이 되어 시내 4대 경찰서에 총비상령을 내렸죠. 기마대와 무장 경관 400여 명(일부 기록에 따르면 1000명이라고도 합니다) 이 은신처를 겹겹이 포위했습니다.

김상옥은 더 이상 도망갈 곳이 없었습니다. 하지만 결코 포기하지 않았죠. 오히려 마지막까지 항전을 결심했습니다. 가진 권총 두 자루로 일제 경찰과 치열한 총격전을 벌였습니다.

이 최후의 전투는 세 시간 반 동안이나 계속되었습니다. 김상옥은 혼자서 무장 경찰 수백 명과 맞서 싸웠죠. 그의 사격 실력은 탁월해서 열에 여덟아홉 발을 명중시켰다고 합니다. 이 총격전에서 구리다 경부를 비롯해 일본 경찰 10여 명이 쓰러졌습니다.

하지만 아무리 실력이 뛰어나더라도 혼자서 거대한 경찰 병력을 상대하기는 역부족이었습니다. 결국 김상옥의 탄환이 바닥나고 말았죠. 그는 마지막 남은 한 발로 자결을 선택했습니다.

김상옥은 벽에 기대어 앉은 채로 생을 마감했다고 합니다. 그의 나이 34세였죠. 나중에 가족들이 시신을 수습했을 때, 그의 몸에는 열한 발의 총상이 있었다고 해요. 끝까지 저항했던 그의 의지를 보여 주는 증거였습니다.

김상옥 의사의 순국 소식은 빠르게 퍼져 나갔습니다. 일제 경찰은 이미 숨을 거둔 그의 몸을 붙들고 그가 죽었을 리 없다고 생각하며 배후를 캐물었다고 하니, 그가 일제에 얼마나 큰 위협이었는지 짐작

할 수 있습니다.

　김상옥 의사의 장례식은 가족들과, 그의 뜻을 기리는 학생들이 모인 가운데 조용히 치러졌습니다. 일제의 감시를 피해 이문동 뒷산 공동묘지에 안장되었죠. 그의 정신은 많은 이의 가슴에 남아 독립을 향한 의지를 더욱 굳건히 했습니다.

'경성 피스톨'이 되기까지

　김상옥 의사의 삶은 마치 한 편의 드라마 같았습니다. 그의 짧지만 강렬했던 생애는 독립을 향한 열정과 용기가 어떠했는지 잘 보여줍니다.

　김상옥은 1889년 1월 5일, 서울 동대문 안 어의동(지금의 종로5가)에서 태어났습니다. 아버지는 군관 출신이었지만, 집안 형편은 그리 넉넉하지 않았죠. 어린 나이에 아버지를 여의고 가족의 생계를 책임져야 했던 김상옥은 여덟 살 때부터 제철 공장에서 일했고, 열네 살 때는 대장간에서 말발굽을 만들었습니다.

　하지만 어려운 환경 속에서도 배움에 대한 열정은 꺾이지 않았습니다. 그는 틈틈이 공부를 하며 자신을 발전시켜 나갔죠. 스무 살이 되던 해에는 직접 동흥야학교를 세워 불우한 청소년들을 가르치기도 했습니다. 그가 주변 이웃에게 보이는 이런 지극한 관심은 훗날 독립운동가로 성장하는 예고편과 같았습니다.

김상옥이 본격적으로 독립운동에 뛰어든 것은 1919년 3·1운동이 일어난 후였습니다. 탑골공원에서 3·1운동을 목격하고 깊은 감명을 받은 김상옥은 같은 해 4월 동지들을 모아 비밀 결사 '혁신단'을 조직했습니다. 혁신단은 기관지《혁신공보》를 발행하며 독립 정신을 고취하는 활동을 펼쳤습니다.

하지만 혁신단의 활동은 오래가지 못했습니다. 일제의 감시와 탄압이 심해지면서 김상옥은 1920년 10월 중국 상하이로 망명을 결심하게 됩니다. 상하이에서 그는 대한민국임시정부 요인들을 만나며 독립에 대한 의지를 더욱 굳건히 했습니다.

김상옥은 상하이에서 생활하며 시야를 넓혔습니다. 여러 독립운동가와 교류하며 독립을 위한 다양한 방법들을 고민했죠. 특히 의열투쟁에 깊은 관심을 갖게 되었습니다. 그는 평화적인 방법만으로는 일제에 맞서기 어렵다고 판단했고, 더 적극적인 행동이 필요하다고 느꼈습니다.

1921년 7월, 김상옥은 잠시 국내로 돌아와 임시정부를 지원하려고 군자금 모금 활동을 펼쳤습니다. 충청도와 전라도 등지를 돌아다니며 독립운동 자금을 모았죠. 이 과정에서 국내 실정을 다시 한번 확인할 수 있었습니다.

상하이로 돌아간 김상옥은 의열단에 가입합니다. 김상옥은 의열단의 정신에 깊이 공감했고, 자신도 구체적인 행동에 나서기로 결심했습니다.

1922년 11월 말, 김상옥은 거사를 위해 다시 국내로 돌아왔습니다. 그는 동지 안홍한과 함께 트렁크식 나무 상자에 권총 네 정과 탄환 800발, 그리고 항일 문서들을 숨겨 들고 왔죠. 그의 목표는 명확했습니다. 종로경찰서를 폭파하고 조선 총독 사이토 마코토를 처단하는 것이었습니다.

귀국 후 김상옥은 준비에 박차를 가했습니다. 옛 동지들인 전우진, 이혜수와 만나 계획을 구체화하고 정설교, 윤익중 등과 함께 회의를 거듭하며 세부 사항을 조율했습니다. 거사에 필요한 자금을 마련하고, 폭탄을 제작하는 등 만반의 준비를 갖췄죠.

일제강점기 공포의 상징, 종로경찰서

김상옥 의사가 폭탄을 던졌던 종로경찰서에는 '염라대왕'이라는 별명을 가진 경찰이 있었습니다. 종로경찰서는 일제강점기 동안 조선인들에게 공포의 대상이었습니다. 일제의 탄압과 폭력이 집중된 곳이자, 수많은 독립운동가의 눈물과 피가 스며든 장소였죠.

1910년, 강제 병합 이후 무단통치를 이어 갈 때, 일제는 조선인들을 감시하고 탄압하기 위해 여러 장치를 마련했는데, 그중 하나가 바로 경찰서였습니다.

1915년 6월, 경성 한복판인 종로통에 새로운 경찰서가 문을 엽니다. 바로 종로경찰서죠. 종로경찰서는 설립 직후부터 독립운동을 감시하고 탄압하는 핵심 기관이 되었습니다. 특히 1919년 3·1운동이 일어난 후에는 더욱 그 역할이 커졌죠. 이곳에서는 독립운동가들을 체포하고 심문하는 일이 끊임없이 벌어졌습니다.

종로경찰서의 악명은 계속해서 높아졌습니다. '고등계'라는 특별한 부서 때문이에요. 고등계는 독립운동을 전문적으로 감시하고 탄압하는 부서였습니다. 이들은 가혹한 고문으로 유명했죠.

고등계의 주임이었던 미와 경부는 특히 더 잔인했습니다. 그의 별명이 바로 '염라대왕'이었어요. 염라대왕은 저승에서 죄인을 심판한다는 무서운 존재인데 미와가 그만큼 무자비했다는 뜻이죠. 독립운동가들은 그의 이름만 들어도 고개를 흔들 정도였습니다.

독립운동가들은 심한 구타는 물론이고, 물고문, 전기 고문 같은 끔찍한 고문을 당했어요. 때로는 고문으로 목숨을 잃는 사람도 있었죠. 그러나 많은 독립운동가가 이런 고통에 굴하지 않고 독립을 부르짖었습니다.

1920년대 중반, 독립운동 단체의 조직과 활동이 더욱 활발해졌습니다. '신간회'라는 큰 독립운동 단체가 만들어졌고, '의열단'이라는 무장 독립운동 단체도 적극적으로 움직였어요. 그러자 종로경찰서는 이들을 체포하고 고문하며 독립운동을 막으려 했습니다.

지워진 일장기, 사라진 신문, 손기정 일장기 말소 사건

1936년 8월, 베를린의 하늘을 가르는 함성이 울려 퍼졌습니다. 제11회 베를린올림픽 마라톤에서 한 젊은이가 세계 신기록을 세우며 금메달을 목에 걸었습니다. 그의 이름은 손기정. 세계 스포츠계에 알려지지 않은 신인이었지만, 2시간 29분 19초라는 놀라운 기록으로 마라톤 역사를 새로 썼습니다.

손기정의 우승 소식은 삽시간에 전 세계로 퍼져 나갔습니다. 한반도는 물론 일본 열도와 중국까지 들썩였죠. 그의 우승은 당시 세계 정세와 맞물려 더욱 큰 의미를 가졌습니다.

하지만 우리나라는 손기정의 우승에 온전히 기뻐할 수만 없었습니다. 그는 한국인이었지만, 일장기를 달고 일본 대표로 출전해야 했습니다. 그가 딴 금메달도 일본의 메달로 집계되었죠. 그것이 일제

1 머리에 월계관을 쓰고 올리브 나무 화분을 들고 있는 손기정 선수. 일장기를 지우기
  전의 사진이다.
2 《동아일보》가 원래 손기정 선수 가슴에 있던 일장기를 지우고 보도한 1936년 8월 25일
  자 석간.

지금도 남아 있는 조선중앙일보 건물 외관.

강점 아래 있던 조선의 현실이었습니다.

식민지 한국인의 복잡한 마음을 안고 언론인들은 대담한 행동을 결심했습니다. 손기정의 우승 사진에서 일장기를 지워 버리기로 한 것입니다. 이 사건은 단순히 스포츠 경기를 넘어, 식민지 조선의 현실과 한국인들의 민족적 자존심이 충돌하는 지점에서 일어났습니다. 기쁨과 슬픔, 자부심과 분노가 뒤섞인 사건이었죠. 이는 곧 일제의 탄압으로 이어지며, 조선의 언론계에 큰 파장을 일으키게 됩니다. 그 중심에 《조선중앙일보》가 있었습니다.

1936년 8월 13일, 민족주의적 성향의 《조선중앙일보》는 손기정 선수의 우승 사진에서 일장기를 지워버렸습니다. 일제에 대한 정면 도전이었습니다. 여운형 사장은 일제의 탄압을 예상하면서도 이 위험한 선택을 승인했습니다. 독립운동가로서의 신념을 언론 활동을 통해 실천하고자 한 그의 의지를 확인할 수 있는 일화예요.

총독부는 처음에 이 사진을 크게 문제 삼지 않았습니다. 조악한 인쇄 기술 때문에 일장기가 보이지 않는 것이라 생각했기 때문입니다. 하지만 12일 후인 8월 25일, 《동아일보》가 다시 한번 일장기가 지워진 사진을 게재하자 상황이 달라졌습니다. 일본 관리가 이를 발견한 뒤 총독부에 보고했고, 총독부가 즉각 대대적인 탄압에 나서며 《조선중앙일보》도 표적이 되었습니다.

《조선중앙일보》는 무기한 정간 처분을 받았고, 여운형 사장을 비롯한 많은 기자가 고초를 겪어야 했습니다. 그들은 40일이 넘도록 감옥에 갇혀 있어야 했습니다. 취조 과정에서 폭행과 고문도 당했지요. 하지만 그들은 끝까지 자신들의 신념을 꺾지 않았습니다. 비슷한 처벌을 받은 《동아일보》에 비해 재정 상태가 좋지 않았던 《조선중앙일보》는 정간 처분 이후 심각한 재정난에 빠졌습니다. 신문을 발행하지 못해 수입이 끊겼기 때문입니다. 결국 민족의 목소리를 대변하던 주요 언론 《조선중앙일보》가 그렇게 사라졌습니다. 이는 일제강점기 언론 탄압의 가혹성과 식민지 한국 언론의 한계를 여실히 드러냈습니다.

2025년 2월 현재까지 국제올림픽위원회 홈페이지에는 손기정의 이름이 'Kitei Son'(기테이 손)이라고 표기되어 있어요. 손기정이라는 이름을 일본식으로 읽은 것이죠.

또한, 같은 대회 마라톤 동메달리스트였던 남승룡 선수의 이름도 일본식 발음인 'Shoryu Nan'(쇼류 난)으로 기재되어 있어요. 두 선수 모두 한국인이었지만, 당시의 역사적 상황으로 인해 본래 이름이 아닌 일본식 이름으로 기록되어 있는 것입니다.

김상옥 의사의 불꽃 같은 삶, 종로경찰서의 잔혹한 탄압, 그리고 손기정 선수의 금메달과 일장기 말소 사건을 둘러싼 《조선중앙일보》의 운명은 모두 이 시대의 단면을 보여 줍니다. 이들의 이야기는 과거의 아픔을 상기시키는 동시에, 독립을 향한 선조들의 뜨거운 열망과 불굴의 의지를 전해 줍니다.

과학으로 꿈꾼 자주독립,
경성의 과학 운동

　김용관은 1918년 경성공업전문학교를 졸업하고 일본 유학길에 올랐습니다. 도쿄고등공업학교에서 공부하면서 그는 충격적인 사실을 깨달았습니다. 일본의 빠른 근대화가 바로 과학 기술의 발전에서 비롯했다는 것입니다.

　1919년 귀국한 그의 가슴속에는 '과학 조선 건설'이라는 원대한 꿈이 자리 잡았어요. 그리하여 1924년, 김용관은 41명의 동지들과 함께 발명학회를 설립했어요. 당시 제1차 세계대전에서 사용된 전투기와 화학 무기의 위력이 아시아에 전해지면서, 과학 기술의 중요성이 부각되던 시기였죠.

　발명학회는 겉으로는 순수한 과학 기술 단체를 표방했지만, 그 속에는 민족의 자주독립이라는 강한 의지가 숨어 있었습니다. 김용관은 한국인의 생활이 일본 상품에 지배당하는 현실을 타파하

《과학조선》창간호 표지.

고자 했습니다. 한국인들이 직접 생활필수품을 발명하고 제작해야 한다고 주장했죠.

　하지만 한국인들은 그런 능력을 기르기가 어려웠어요. 한국인들의 고등 교육을 철저히 통제했기 때문입니다. 특히 과학 기술교육은 더욱 엄격한 감시 대상이었죠. 일제는 한국인들이 과학기술을 배워 실력을 기르는 것을 극도로 경계했어요.

　김용관은 우리나라 최초의 종합 과학 잡지《과학조선》을 1933

년에 창간했습니다. 창간호의 표지 모델은 이순신 장군이었습니다. 과학 잡지의 표지에 이순신 장군을 내세운 것은 의미심장했어요. 과학 기술을 통한 민족의 자주독립이라는 메시지를 담은 것이었죠.

잡지는 1944년까지 발행되며 한국에 과학 지식을 보급하는 데 큰 역할을 했습니다.

1934년 4월 19일, 김용관은 '과학데이' 행사를 개최했습니다. 800여 명의 시민들이 모여 인산인해를 이루었습니다. 기념식, 강연회, 자동차 퍼레이드, 발명품 전람회 등 다채로운 행사가 일주일간 이어졌습니다. 이는 단순한 과학 행사가 아니었어요. 과학으로 민족의 힘을 보여 주는 저항이었죠.

일제 역시 이런 대규모 집회를 민족 운동으로 간주하고 탄압했습니다. 결국 과학데이는 1937년, 5회로 막을 내려야 했습니다.

김용관의 과학 운동은 겉으로는 실패한 것처럼 보였습니다. 발명학회는 해산되었고, 과학데이도 중단되었으니까요. 그는 일제의 감시를 피해 지방으로 내려가 교사 생활을 하거나, 경성에서 자영업을 하며 힘겨운 생활을 이어 갔습니다.

하지만 그가 뿌린 과학 운동의 씨앗은 결코 헛되지 않았어요. 그가 주장한 '과학 조선 건설'이라는 비전은 광복 이후 대한민국의 과학 기술 발전의 토대가 되었습니다. 2020년, 정부는 그를 '과학 기술 유공자'로 선정하며 그의 업적을 기렸습니다.

일제강점기 경성에서 펼쳐진 김용관의 과학 운동은 과학 기술 진흥 운동을 넘어, 과학을 통해 민족의 자주독립을 꿈꾼 치열한 저항 운동이었습니다. 오늘날 과학 강국으로 성장한 대한민국의 뿌리에는 김용관이라는 선구자의 꿈과 열정이 자리 잡고 있어요.

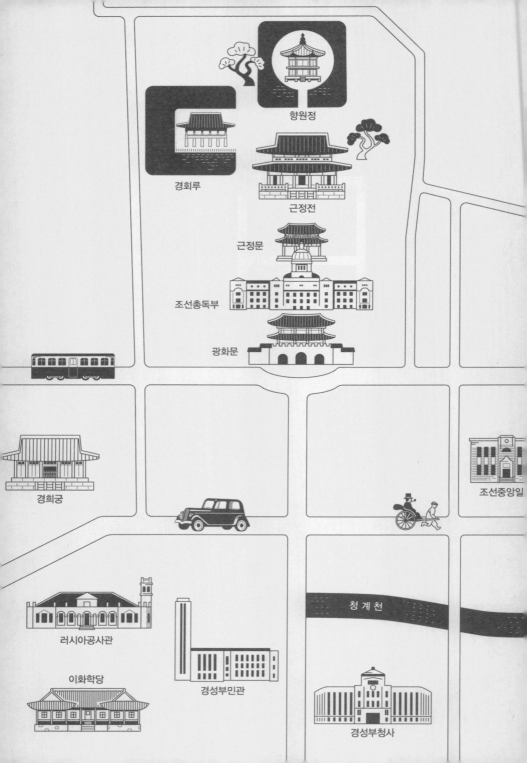

향원정

경회루

근정전

근정문

조선총독부

광화문

경희궁

러시아공사관

이화학당

경성부민관

조선중앙일

청 계 천

경성부청사

10장

광화문통이 일제강점기 식민지 무대가 된 이유

: 경복궁 훼손과 조선박람회

사라진 육조거리와 광화문 광장

일제의 강제 병합과 함께 광화문 앞의 육조거리는 '광화문통'이라는 새로운 이름을 얻게 됩니다.

일제는 육조거리의 구조부터 완전히 바꾸었습니다. 양옆에 늘어서 있던 조선의 관청 건물들을 철거하고, 도로를 넓혔죠. 그리고 조선총독부 건물을 웅장하게 지었습니다. 이전의 육조거리가 조선의 통치 체계를 상징했다면, 새롭게 만들어진 광화문통은 일제의 통치를 상징하는 공간으로 탈바꿈하였습니다.

새롭게 만들어진 광화문통은 이전과는 완전히 다른 모습이었습니다. 넓어진 도로, 웅장한 조선총독부 건물, 그리고 옆으로 밀려난 광화문. 이 모든 것이 일제의 의도대로 만들어진 풍경이었죠.

넓어진 도로는 군대와 경찰이 빠르게 이동할 수 있게 해 주는 군사적 목적도 있었죠. 일제는 이러한 변화를 '발전'과 '근대화'라는 명목으로 포장해 자신들의 지배를 정당화하려 했습니다.

더욱 충격적인 것은 광화문의 운명이었습니다. 일제는 1926년, 광화문을 경복궁 동쪽으로 옮겨 버렸어요. 조선의 정궁 정문이었던 광화문은 그저 장식품처럼 취급받게 된 거죠.

일제는 광화문을 원래의 위치에서 동쪽으로 옮기고, 그 자리에 넓은 광장을 만들었습니다. 광화문 광장은 일제강점기 동안 '조선총독부 광장'이라는 이름으로 불렸습니다.

조선총독부 광장은 일제의 식민 통치를 과시하고 선전하는 주요 무대로 활용되었습니다. 이곳에서 각종 기념식과 행사를 열고 일제의 정책을 홍보했습니다. 중일전쟁 이후에는 이 광장의 역할이 더욱 강화되었습니다. 일제는 이곳을 한국인을 강제로 동원하는 집결지로 사용했습니다. 많은 한국인을 만주로 이주시키는 정책을 실행할 때도 이 광장에서 출정식을 거행했습니다.

또한 이 광장은 황국신민화정책을 강요하는 장소로도 사용되었습니다. 한국인은 이곳에서 '황국신민서사'를 암송해야 했고, 일본 문화를 강제로 받아들여야 했습니다. 이는 조선의 전통문화를 억압하고 말살하려는 일제의 의도가 반영된 것이었습니다.

태평양전쟁 시기에 들어서면서 광장의 성격은 더욱 군국주의적으로 변모했습니다. 이곳은 전쟁 동원을 위한 집회 장소, 군국주의 사상을 선전하는 무대가 되었습니다. 일제는 이 광장에서 한국인에게 전쟁의 정당성을 주입하고, 전쟁에 협력할 것을 강요했습니다.

일제의 식민 지배는 광화문통에 그치지 않고, 더 깊숙이 조선의 심장부인 경복궁까지 침투해 갔습니다. 이제 일제는 조선 왕조의 상징이자 정치, 문화의 중심지였던 경복궁을 파괴하기 시작했습니다.

일제의 경복궁 훼손, 조선의 심장을 무너뜨리다

일제의 경복궁 훼손은 1895년 을미사변 이후부터 시작되었습니다. 이 사건 이후 고종이 러시아공사관으로 피신했다가 이후 경운궁으로 거처를 옮겼는데, 이때부터 경복궁은 서서히 그 위상을 잃어 갔습니다.

1905년 을사늑약 이후 일제의 경복궁 훼손은 가속화되었어요. 일제는 대한제국의 외교권을 빼앗고 통감부를 설치하면서 경복궁에 대한 통제력을 강화했죠. 1907년 고종이 강제 퇴위당하면서 경복궁은 왕실 궁궐로서의 기능을 완전히 상실했습니다.

1908년 3월 8일, 일제는 경복궁을 일반에게 공개하기 시작했습니다. 경복궁의 위엄과 신성함을 깨뜨리고 단순한 구경거리로 전락시키려는 의도였습니다. 공개 이후 매일 수백 명이 경복궁을 찾았습니다. 수많은 일본인이 경복궁을 방문했고, 심지어 일본 군인들까지 자유롭게 드나들며 경복궁을 구경했습니다. 조선의 몰락을 직접 목격하고 그들의 승리를 확인하려는 의도가 담긴 행위였습니다.

나아가 일제는 경복궁을 자신들의 목적에 맞게 활용하기 시작했습니다. 1907년 10월, 일본 황태자의 방문을 계기로 경회루 일대를 일본 귀빈을 위한 연회장으로 사용하기 시작했습니다. 1909년 7월에는 경회루에서 이토 히로부미 통감을 송별하고 소네 아라스케 신임 통감을 환영하는 연회가 열렸는데, 이 자리에 한국과 일본의 관리 1800명이 참석했습니다.

1910년 한일 강제 병합 이후에는 아예 그들은 경복궁 내의 여러 건물을 헐어 그 자재를 팔아넘기거나 다른 용도로 전용했습니다. 황태자의 거처였던 동궁 자선당은 일본인 재벌이 일본으로 가져가 자신의 개인 정원에 세우기도 했습니다.

1915년, 일제는 '시정 5년 기념 조선물산공진회' 개최를 명목으로 경복궁의 수많은 전각과 부속 건물들을 철거했습니다. 공진회가 끝난 후에도 일제는 경복궁 부지를 계속해서 훼손했지요. 한국인들의 민족정신을 꺾으려는 의도로 궁궐의 권위를 떨어뜨려 각종 행사와 전시회 장소로 사용했습니다. 특히 조선 왕조의 상징과도 같은 근정 전은 의도적으로 무분별하게 사용했습니다. 박람회 개·폐회식을 여러 차례 개최하는가 하면 심지어 독립운동가들을 진압하다 죽은 일본 경찰을 위한 추모제까지 열었습니다.

식민 통치 무대가 된 조선물산공진회와 조선박람회

일제강점기 동안 조선에서 개최된 두 주요 박람회로 조선물산공 진회와 조선박람회가 있습니다. 이 행사들은 표면적으로는 조선의 산업과 문화를 소개하는 박람회 형태를 띠고 있었지만, 실제로는 일 제의 식민 통치를 선전하고 조선인들의 민족정신을 꺾으려는 의도 가 숨겨져 있었습니다.

1915년에 개최된 조선물산공진회는 '시정 5주년 기념'으로, 즉 일 제가 한반도를 강점한 지 5년이 되는 해를 기념하여 열린 행사였습 니다. 실제로는 조선에서 자신들의 통치를 정당화하고 과시하려는 목적으로 개최되었지요.

조선물산공진회를 위해 일제는 경복궁의 많은 부분을 훼손했어 요. 근정문 앞을 지키던 홍화문, 양쪽에 있던 유화문, 용정문, 협생문

1 경복궁 경회루 일대의 전경을 담은 사진엽서. 경회루에는 원래 연꽃이 가득했으나 1915년 조선물산공진회 때 분수대를 설치하고 오리 등을 방류하면서 연꽃이 대부분 제거되었다.
2 지금의 경복궁 경회루.

등 여러 건물을 한꺼번에 철거했죠.

경복궁은 조선왕조의 법궁으로, 조선의 역사와 전통을 상징하는 중요한 장소였습니다. 일제가 이곳을 행사장으로 선택한 것은 조선의 상징적 공간을 자신들의 행사장으로 사용함으로써 조선에 대한 지배력을 과시하고, 동시에 조선의 역사와 전통을 훼손하려는 의도였습니다.

조선물산공진회의 전시물들은 크게 두 가지 주요 목적을 가지고 있었습니다. 첫째, 일본의 우월함을 과시하려는 의도였습니다. 이를 위해 일본의 최신 공업 제품, 선진 농업 기술, 첨단 의료 기기 등을 전시하여 일본의 기술적, 산업적 발전을 강조했습니다. 둘째, 일제의 '문명화' 사업의 성과를 선전하려는 의도였습니다. 일제가 조선에서 진행한 도로, 철도, 항만 등의 인프라 건설과 교육, 의료 시설의 확충 등을 중점적으로 전시했지요. 자신들의 통치가 조선에 '발전'과 '근대화'를 가져왔다는 메시지를 전달했습니다. 이러한 전시 구성은 의도적으로 조선과 일본의 대비를 통해 조선의 '후진성'을 부각하고, 일제 통치의 '필요성'을 정당화하려는 목적이었습니다.

조선물산공진회에서는 다양한 행사들도 진행되었습니다. 일본의 전통 예능 공연, 조선의 민속 공연, 서커스 등의 흥행물, 그리고 '문명'의 상징으로 여겨진 영화 상영 등이 이루어졌습니다. 또한 '우량아 선발 대회'와 같은 행사를 통해 우생학적 관점을 전파하려 했습니다. 조선물산공진회가 끝난 직후 일제는 그 자리에 조선총독부 청사를 지으며 경복궁 훼손의 정점을 찍었습니다.

1929년에 개최된 조선박람회는 일제가 한반도를 강점한 지 20년이 되는 해를 기념하여 열렸습니다. 조선박람회 역시 경복궁에서 개최되었으며, 이는 조선물산공진회 때와 마찬가지로 조선의 상징적 공간을 훼손하고 일제의 지배력을 과시하려는 의도였죠.

조선박람회는 규모나 내용 면에서 조선물산공진회보다 더욱 확대된 형태였습니다. 이 박람회는 '시정 20년의 성과'를 주제로 하여, 일제의 통치가 조선에 가져온 '발전'을 집중적으로 선전했습니다. 전시관은 크게 정치, 경제, 사회, 문화 등의 분야로 나뉘어 분야별로 일제의 '업적'을 상세히 소개했습니다.

정치 분야에서는 조선총독부의 행정 체계와 법 제도의 '근대화'를 강조했고, 경제 분야에서는 농업 개량, 공업화, 무역 증대 등을 보여 주었습니다. 사회 분야에서는 교육, 의료, 위생 시설의 확충을 강조했으며, 문화 분야에서는 일본 문화의 우수성과 함께 조선 문화의 '개량'을 보여 주었습니다.

화려한 전시는 조선의 현실을 철저히 외면했습니다. 당시 조선의 경제 상황은 매우 어려웠습니다. 농촌은 피폐해져 있었고, 도시의 실업 문제도 심각했지만 일제의 관심 밖이었죠.

경복궁 위에 세워진 제국의 그림자, 조선총독부

일제는 1910년 8월 29일 대한제국을 강제로 병합하고 한반도를 완전한 식민지로 만들었습니다. 이들은 식민 지배의 총본산으로 조선총독부를 설치했습니다. 초대 총독으로는 한국 통감부의 마지막 통감이었던 데라우치 마사다케가 임명되었습니다.

총독은 통감과는 비교할 수 없을 정도로 막강한 권력을 가진 자리였습니다. 현역 육군 대장이자 육군 대신을 겸하고 있던 데라우치는 일본의 내각을 거치지 않고 천황의 직접 통제를 받는 총독 제도를 만들었습니다. 이에 따라 조선 총독은 행정, 입법, 사법, 군사 통수권에 이르기까지 무제한의 권력을 휘두르는 식민지의 최고 통치자로서 군림하게 되었습니다.

조선총독부 청사는 처음에는 남산의 북쪽 기슭에 있던 통감부 건물을 그대로 사용했습니다. 그러나 직원 수의 증가와 많은 사절의 내방, 그리고 각종 기관을 총괄하다 보니 처리해야 할 사무량이 늘어 더 넓은 청사가 필요하게 되었습니다. 일제는 새로운 청사의 건설 장소로 경복궁을 선택했습니다. 단순히 행정적 편의를 위한 것이 아니라, 한국인의 문화적, 역사적, 민족적 심리를 압도할 수 있는 장소를 찾은 결과였습니다. 한국인의 자주 의식을 부정하고 일본의 권

가운데 데라우치 마사타케를 중심으로 일본 제국주의 체제를 선정하기 위해 제작된 엽서. 배경에 사용된 색 띠(홍, 청, 백, 황, 주 등)는 일본 문양 요소를 차용해 만든 것이며, 이는 식민지 통치 정당화를 시각적으로 드러낸 요소다.

위를 강하게 심어 줄 수 있는 상징적인 장소가 필요했던 것이죠.

1912년, 일제는 경복궁 부지 내에 새로운 총독부 청사를 건설하기로 결정했습니다. 조선총독부 청사의 설계는 독일인 건축가 게오르크 데 랄란데가 맡았으며, 설계에만 4년이 소요되었습니다. 영국의 인도총독부나 네덜란드의 보르네오총독부보다 더 크고 웅장해야 한다는 일제의 요구 때문이었습니다.

1926년 완공된 조선총독부 청사는 높이 30미터, 중앙 탑 높이 67미터에 달하는 거대한 르네상스 양식의 건물이었습니다. 이 과정에서 경복궁 내의 전각 19채, 대문과 중문 22개, 당우 45개 등 아름다

1 경복궁 조선총독부 청사.
2 조선총독부 터.

운 건축물이 해체되었습니다.

조선총독부는 매우 체계적으로 구성되어 있었습니다. 가장 높은 자리에 총독이 있었고, 그 밑에 여러 부서가 있었습니다. 이 부서들은 우리나라의 모든 일을 관리했습니다. 내무부는 국내 행정을, 탁지부는 재정을, 농상공부는 농업과 상업을 관리했습니다. 또한 경찰, 철도, 통신 등을 관리하는 부서들도 있었습니다. 이렇게 해서 일본은 우리나라의 모든 분야를 꽉 잡게 되었습니다.

특히 주목할 점은 조선 총독입니다. 총독 대부분은 군인 출신이었습니다. 이것은 일본이 우리나라를 다스릴 때 군대를 동원한 폭력적 지배였다는 것을 의미합니다. 즉, 일본은 우리나라 사람들을 힘으로 누르면서 지배하려 했던 것입니다.

조선총독부는 이런 방식으로 우리나라의 모든 것을 통제하려 했습니다. 학교에서는 우리의 역사와 문화를 가르치지 못하게 했고, 우리나라의 자원을 마음대로 가져갔으며, 우리의 전통을 없애려고 했습니다.

이와 같은 조선총독부 청사를 경복궁에 세운 것은 조선의 역사와 문화를 말살하고 식민 지배를 공고히 하려는 상징적 행위였습니다. 경복궁의 중심부에 들어선 거대한 총독부 청사를 보는 조선인들의 마음속에 패배감과 무력감을 심어 주려 한 것입니다. 조선총독부 건물은 일제의 조선 지배를 과시하는 거대한 기념비와도 같았습니다.

창경원과 벚꽃 놀이

일제강점기, 조선의 궁궐들은 깊은 상처를 입었습니다. 그중에서도 창경궁의 변화는 가장 비극적이었어요. 창경궁은 원래 조선 제9대 성종이 창덕궁 동쪽에 세운 궁궐로, 세 명의 대비를 위해 수강궁을 고쳐 지은 것이었습니다. 그러나 1908년, 일제는 순종의 마음을 달랜다는 명목으로 1년 6개월에 걸친 대대적인 공사를 감행했습니다.

오랜 세월 조선의 역사와 문화를 간직해 온 창경궁의 전각들이 하나둘 허물어졌어요. 궁궐의 정체성을 상징하는 문과 기와는 경매장에 내걸려 흩어졌죠.

1909년, 창경궁의 모습은 완전히 달라졌습니다. 궁궐의 위엄 있는 전각들이 사라진 자리에 동물원과 식물원, 박물관이 들어섰습니다. 특히 동물원 설립에는 당시 사설 동물원을 운영하던 유한

창경원 동물원 물새 사육장.

창경원 식물원 대온실.

성이 큰 역할을 했습니다. 그는 동물원 사무 촉탁으로 임명되어 30여 종의 동물을 매입했습니다. 이는 조선에서는 처음 보는 규모의 동물 컬렉션이었습니다.

같은 해 11월 1일, 창경궁은 일반에게 공개되었고 개장 첫날부터 많은 인파가 몰려들었습니다. 한때 왕과 신하들만의 공간이었던 궁궐이 이제는 일반 대중의 오락 장소로 전락한 것입니다.

1911년, 창경궁은 '창경원'으로 이름이 바뀌었습니다. 이는 단순한 명칭 변경이 아니라 궁궐의 격하를 의미했습니다. 창경원에는 72종 361마리의 동물이 전시되었는데, 그 규모와 다양성은 당시 아시아에서도 손꼽히는 수준이었습니다.

조선총독부의 기관지인《매일신보》는 창경원 동물들의 소식을 자주 다뤘습니다. 하마가 새끼를 낳았다는 소식, 사자가 출산했다는 기사, 강치가 죽었다는 소식 등이 신문을 장식했습니다.

여기에 더해 일제는 창경원에 수천 그루의 벚나무를 심었습니다. 벚꽃은 일본을 상징하는 꽃으로, 이는 조선의 문화를 일본화하려는 시도였습니다. 1924년부터는 밤에도 벚꽃 놀이를 즐길 수 있게 되었습니다. 엄숙하고 신성했던 궁궐이 이제는 밤늦도록 술과 노래가 흐르는 유흥의 장소로 전락한 것입니다.

한편, 창덕궁도 비극적인 운명을 피하지 못했습니다. 1917년 발생한 대화재로 순종이 거처하던 대조전을 비롯한 여러 전각이 불에 타 무너졌습니다. 이후 조선총독부가 복원 작업을 진행하면서 일제는 자신들의 입맛에 맞게 궁궐을 개조했는데, 이는 창덕궁의 역사성과 문화적 가치를 심각하게 훼손하는 결과를 낳았습니다.

더욱이 일제는 창덕궁을 통감부 간부들과 친일 인사들의 연회장으로 사용했습니다. 한때 조선의 국왕이 거처하며 국정을 논의하던 공간의 위엄은 온데간데없어졌어요.

경희궁과 경운궁도 수난을 피해 가지 못했습니다. 경희궁은 대부분의 건물이 헐려 일본인 학교 부지로 사용되었고, 경희궁의 정문은 이토 히로부미 추모 사찰인 박문사의 대문으로 옮겨졌습니다. 경운궁은 화재와 개조로 원래의 모습을 잃었습니다.

경성부민관

청계천

경성부청사

환구단

조선호텔

동양 척식 주식회사

11장

태평통이 전하는
광복 직전의 풍경

: 환구단, 경성부청사, 경성부민관

대한제국의 꿈이 담긴 거리

일제는 경성을 자신들의 통치 거점으로 삼고자 했습니다. 경성 도시 계획을 세우고, 거리 이름도 자신들의 방식대로 바꿨다고 했지요. 마치 지도에 자기들의 도장을 찍듯이 말이죠. 거리 이름을 어떻게 바꿨는지 살펴볼까요?

먼저 큰 도로의 이름을 정했습니다. 남북으로 쭉 뻗은 길에는 '통通'을 붙였고, 동서로 뻗은 길에는 '정町'을 붙였습니다. 일본인들이 많이 사는 지역은 '정'이라고 불렸지만, 조선인들이 많이 사는 종로와 서대문 북쪽은 그냥 '동'이라고 불렸습니다. 같은 도시 안에서도 일본인 구역과 조선인 구역을 구분 짓듯이 말이죠.

1936년이 되어서야 모든 지역을 '정'으로 통일했습니다. 조선의 전통적인 동네 이름을 완전히 일본식으로 바꾸려는 시도였죠. 거리 이름 하나에도 일제는 식민 지배 의도를 담았습니다.

일제의 경성 도시 계획의 핵심에 태평통이 자리 잡았습니다. 1914년 이전에 완공된 태평통은 폭이 27미터로, 당시로서는 상당히 넓은 도로였습니다. 이 도로는 일제의 식민 통치 효율성을 높이고 그들의 힘을 과시하는 수단이 되었습니다.

태평통의 건설은 주변 지역에 큰 변화를 가져왔습니다. 도시 구조가 바뀌면서 많은 한국인이 강제로 이주해야 했고, 도로 주변으로 일본식 건물들이 들어서며 일본인들의 거리로 변모해 갔습니다.

1920년대에 접어들면서 태평통은 더욱 확장되어 폭이 34미터로 넓어졌고, 주변 건물들도 재정비되었습니다. 이 시기에 경성부청사, 조선은행 등 주요 관공서와 금융 기관 들이 들어섰으며, 특히 1926년에 완공된 경성부청사는 태평통의 새로운 랜드마크가 되었습니다.

넓은 도로 덕분에 태평통은 자동차 운전자들에게 특히 매력적이었습니다. 택시 운전사들은 남대문통을 거쳐 태평로를 거침없이 달리다가 광화문통으로 접어드는 경로를 즐겨 이용했다고 합니다.

그러나 1940년대에 들어서면서 전쟁의 그림자가 짙어지자 일제는 이 거리를 전시 동원을 위해 활용했습니다. 식민 지배의 상징적인 도로가 된 것이지요.

대한제국의 꿈이 담긴 태평통은 한성의 중심 거리로서 근대화와 자주독립의 열망을 상징했습니다. 그러나 이 꿈은 일제의 침략으로 사라졌습니다. 태평통과 마찬가지로, 대한제국의 또 다른 상징이었던 환구단 역시 일제의 지배 아래 그 의미가 크게 바뀌게 됩니다.

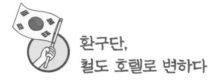

환구단, 칠도 호텔로 변하다

19세기 말, 급변하는 국제 정세 속에서 대한제국의 황제 고종은 생존과 발전을 위해 새로운 길을 모색해야 했어요. 이러한 시대적 요구에 응답하여 탄생한 것이 바로 환구단입니다. 고종은 환구단을 통해 새로운 국가에 대한 꿈과 희망을 표현하고자 했습니다.

환구단의 역사는 1897년으로 거슬러 올라갑니다. 고종은 을미사변과 아관파천 등의 혼란을 겪은 후, 자주독립 국가로서의 위상을 확립하고자 했습니다. 그 결과로 탄생한 것이 대한제국이었고, 환구단은 이 새로운 제국의 상징이 되었습니다.

1897년 10월 12일, 고종은 환구단에서 대한제국의 성립을 선포하고 황제로 즉위했습니다. 이는 대한제국이 중국으로부터의 독립을 대내외에 공식적으로 선언하는 순간이었습니다.

환구단은 그 모양새만으로도 대한제국이 추구하는 가치와 나아가고자 하는 방향을 잘 보여 주었습니다. 3층으로 이루어진 원형의 제단은 하늘의 형상을 본떠 만들어졌으며, 이는 '천원지방天圓地方'이라는 동아시아의 우주관을 반영한 것이었죠. 주변에 위치한 황궁우는 제사에 사용되는 신위를 모시는 8각형의 3층 건물로, 완전함과 조화의 의미를 담고 있었어요. 또한 세 개의 돌북인 석고는 하늘에 대한 제사 때 사용되는 악기를 상징적으로 표현한 것이었습니다.

대한제국의 꿈은 오래가지 못했습니다. 1905년 을사늑약으로 외교권을 상실하고, 1910년 한일병합조약 체결로 국권을 완전히 빼앗기는 과정에서 환구단은 그 의미를 잃고 훼손되기 시작했습니다.

1913년, 일제는 환구단을 철거하기 시작했습니다. 환구단이 있던 자리에 일제가 선택한 것은 철도 호텔이었습니다. 1914년에 완공된 철도 호텔은 '조선호텔'이라는 이름으로 운영을 시작했습니다. 이곳은 여행객들을 위한 숙박 시설을 넘어서, 일본의 식민 지배 정책과 대륙 진출 야욕을 상징적으로 보여 주는 장소였어요.

1912년 부산과 신의주를 시작으로, 1914년 경성, 1925년 평양에 이르기까지 주요 철도 노선을 따라 철도 호텔이 들어섰습니다.

철도 호텔은 80여 개의 객실은 물론, 식당, 공연실, 도서실 등 다양한 부대시설을 갖춘 당시로서는 최고급 숙박 시설이었습니다. 하지만 이용객은 주로 고위 관리나 회사 임원 등 특정 계층에 한정되

1 조선호텔. 오른쪽의 건물은 황궁우다.
2 지금의 조선호텔.

었습니다. 일반 한국인들에게는 꿈도 꾸기 힘든 공간이었죠.

조선호텔은 대한제국 시절 황제가 하늘에 제사를 지내던 환구단 자리에 세워졌습니다. 환구단 부속 건물이었던 황궁우는 호텔의 장식물로 전락했고, 이는 일본 제국과 식민지 조선의 관계와 닮아 있었죠.

철도 호텔의 화려한 이면에는 조선의 주권 상실과 일제의 식민 지배, 계급적 차별이라는 복합적인 문제가 얽혀 있었습니다.

환구단이 철도 호텔로 변모하는 과정은 일제의 식민 지배가 경성의 도시 경관을 어떻게 변화시켰는지를 보여 주는 대표적인 사례입니다. 이러한 변화는 경성 전역에서 일어났고, 그 중심에 경성부청사가 있었습니다.

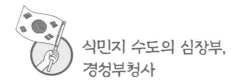

식민지 수도의 심장부, 경성부청사

경성부청사의 설립은 1910년 한일 강제 병합 직후로 거슬러 올라갑니다. 일제는 한성부를 경성부로 개편하고, 이를 경기도에 소속시켰습니다. 수도인 한성의 위상을 낮추고 통치를 쉽게 하기 위한 조치였습니다.

1926년 10월에 완공된 신축 경성부청사는 당시로서는 매우 현대적이고 웅장한 건물이었습니다. 지하 1층, 지상 4층의 규모로 총 건평이 2502평(8271제곱미터)에 달했습니다. 건물 외관은 르네상스 양식을 기본으로 하되 장식을 최소화한 근대주의 건축의 특징을 보여주었습니다. 특히 중앙 탑의 돔과 창문 구조는 일본 의사당을 모방한 것으로 알려져 있어요.

내부에는 수도와 소화전을 설치하고 증기식 중앙난방 시설과 자동 전화 교환대 등을 갖추었지요. 중앙의 탑을 중심으로 좌우 대칭 구조에, 외관은 화강석과 분무칠로 마감하여 견고하면서도 단정한 느낌을 주었습니다.

경성부청사의 건립은 일제의 조선 지배 정책과 도시 계획의 핵심이었습니다. 경성부청사의 완공으로 경성에는 조선총독부-경성부청-경성역-용산으로 이어지는 새로운 도시 축이 완성되었습니다.

한편 경성부 청사는 덕수궁과 거리 하나를 두고 마주 보는 위치에 있었는데, 여기에 한국인들의 민족의식과 독립 의지를 억누르려는 의도가 담겨 있다는 해석이 있습니다.

경성부청사가 행정적, 정치적 통제의 중심이었다면, 경성부민관은 문화적, 사회적 통제의 장이었어요. 이는 일제의 식민 통치가 단순히 물리적인 지배에 그치지 않고, 한국인들의 정신과 문화까지 장악하려 했음을 보여 줍니다.

해방 직전 경성을 뒤흔든 마지막 폭발, 경성부민관 폭파 의거

1935년 12월 10일, 태평통에 문을 연 경성부민관은 당시 한국 최초의 근대식 다목적 회관이었습니다. 연건평 1717평에 지하 1층, 지상 3층 규모로 지어진 이 건물은 1800석의 관람석을 갖추고 있었고, 최신식 냉난방 시설과 음향, 조명 설비를 완비하고 있었어요.

경성부민관은 처음에는 경성 부민의 문화생활을 위한 공간으로 출발했어요. 대강당, 중강당, 소강당에서는 연극, 음악, 무용, 영화 등 다양한 공연이 열렸고, 담화실, 집회실, 특별실, 식당, 이발실 등의 부대시설도 갖추고 있어 종합적인 문화 공간 역할을 했습니다. 유명 극단들의 창단 공연이 열렸고, 국내외 유명 인사들의 강연회도 자주 개최되었죠.

하지만 시간이 흐르면서 경성부민관의 성격은 점차 변질되었습니다. 1930년대 말 전시 총동원 체제에 접어들면서 이곳은 점차 '황국신민화'를 선동하는 동원 예술과 정치 집회 장소로 변모해 갔습니다. '황국신민화'란 조선인을 일본 천황의 신민으로 만들려는 일제의 정책을 말합니다. 조선총독부나 경성부, 그리고 관련 기관들의 시책을 홍보하는 각종 강연회나 모임, 영화 상영, 연극 공연 등이 큰 비중을 차지하게 되었습니다.

경성부청사

징집과 물자 헌납을 독려하는 크고 작은 시국 강연회가 연이어 열렸는데 친일파 작가인 모윤숙, 이광수 등이 이곳에서 조선 청년들의 아시아-태평양 전쟁 참여를 독려하는 강연을 거듭하며 친일 활동의 정점을 찍었습니다.

이렇게 경성부민관은 일제의 식민 통치를 홍보하고 합리화하는 공간으로 전락해 갔습니다. 조선총독부는 이곳에서 국민극 수준을 높이고 각 부분의 연극인들로 하여금 예술가로서 각자의 역량을 기울여 전시하는 반도의 문화전을 이룬다는 명목하에 국민 연극 경연 대회를 세 차례 개최했습니다. 일제는 연극인을 통제했을 뿐만 아니라 지배 이데올로기를 전파하는 데 연극을 이용했어요.

이런 경성부민관에서 독립운동가들의 의거가 일어난 적이 있습니다. 대한 애국 청년당 소속 청년들이 이곳에서 거사를 치렀지요. 이 조직의 핵심 인물로 유만수, 강윤국, 조문기가 있습니다.

유만수는 경상북도 안동 출신으로, 어려서부터 독립을 꿈꿨습니다. 그는 일본으로 건너가 군수 공장에서 일하면서 독립운동의 기회를 엿보고 있었어요.

강윤국은 전라남도 나주 출신으로, 농부의 아들로 태어나 어려운 환경 속에서도 학업을 놓지 않았습니다. 그는 일본에서 노동자로 일하면서 민족 차별을 체험하며 독립의 필요성을 절감했습니다.

조문기는 경기도 여주 출신으로, 어릴 때부터 항일 의식이 강했습니다. 그는 일본에서 기술을 배우면서도 언젠가는 이 기술을 조국의 독립을 위해 사용하겠다는 결심을 품고 있었습니다.

그들이 처음 마주친 곳은 일본 가와사키시의 군수 공장인 일본 강관 주식회사였습니다. 이곳은 전쟁의 장기화로 군수 공장으로 전환된 곳으로, 20대 전후의 한국인 청년들이 훈련공으로 일하고 있었습니다. 이곳에서 한국인 노동자들은 가혹한 노동 환경과 더불어 끊임없는 민족 차별과 멸시에 시달렸습니다. 이러한 비인간적인 대우는 젊은 한국인들의 가슴속에 분노의 불씨를 지피기에 충분했습니다.

1943년 5월, 유만수, 강윤국, 조문기는 이 분노를 행동으로 옮기기로 결심했습니다. 그들은 한국인 노동자들을 규합하여 일제의 민족 차별에 항의하는 대규모 파업을 일으켰습니다. 이 파업은 3일 동안 지속되었고, 가와사키 전체를 뒤흔들 정도로 큰 사건이었습니다. 하지만 이 파업으로 많은 한국인 노동자가 일본 경찰에 연행되어 고초를 겪어야 했습니다. 특히 주동자로 지목된 조문기와 유만수는 일본 전역에 지명 수배가 내려지는 상황에 처했습니다.

1945년 1월, 조국의 땅을 밟은 조문기와 유만수는 개별적인 독립 운동보다는 조직적인 항일 투쟁이 필요하다고 판단했습니다. 그들의 목표는 대한민국임시정부와 같은 단체의 조직원으로 활동하는 것이었습니다. 귀국 후 두 사람은 즉시 동지 규합에 나섰고, 일본 강관 주식회사에서 함께 일하다 먼저 귀국한 강윤국, 권준, 우동학 등을 주목했습니다.

1945년 3월, 마침내 그들의 노력이 열매를 맺어 비밀 결사 조직이 탄생했습니다. 이들은 조직의 이름을 '대한 애국 청년당'이라고 했습니다. 초기 조직원은 조문기, 유만수, 강윤국, 권준, 우동학, 박호영 등 6명에 불과했지만, 각자가 지닌 항일 의지는 그 어느 때보다도 강렬했습니다. 연장자인 유만수가 임시 의장을 맡아 조직을 이끌어 나갔습니다.

대한 애국 청년당의 소식은 비밀리에 퍼져 나갔고, 뜻을 같이하는 인물들이 하나둘 모여들기 시작했습니다. 얼마 지나지 않아 조직의 규모는 20여 명으로 늘어났습니다. 이들은 한 가지 목표를 위해 뭉쳤습니다. 바로 친일파와 일제 침략의 원흉들을 제거하는 것이었죠.

조직의 규모가 커지자 대한 애국 청년당은 체계적인 활동을 위해 업무를 분담했습니다. 정보 수집, 인원 포섭, 무기 준비 등 각자의 역할을 정했고, 구체적인 거사 계획을 수립하기 시작했어요. 그들의 첫 번째 목표는 친일파 거두 세 명과 총독부 관리 세 명을 처단하는 것이었습니다. 특히 박춘금이 최우선 처단 대상으로 거론되었습니다.

그들의 계획은 여기서 그치지 않았습니다. 친일파 처단과 더불어 일제 침략의 상징물 세 곳을 폭파하는 대담한 계획도 세웠습니다. 1순위는 조선총독부였고, 그다음으로 용산의 군 사령부, 마지막으로

STREET VIEW OF TAIHEI-DORI WITH KOKAMON-DORI, KEIJO.
觀街の通門化光と通平太（城京）．

태평통

동양 척식 주식회사를 목표로 삼았습니다.

1945년 7월 24일, 제2차 세계대전의 막바지에 일제는 최후 공격을 앞두고 전 국민의 사기 고취를 목적으로 경성부민관에서 '아시아 민족 분격 대회'를 개최하려 했어요.

이날 대한 애국 청년당원인 조문기, 유만수, 강윤국은 이 친일 대회를 저지하고 친일파를 처단하기 위해 폭파 의거를 계획했습니다. 이들은 수색 변전소 공사장에서 몰래 빼낸 다이너마이트로 사제 폭탄을 만들어 대회 전날 밤 대회장 뒤편 화장실 쪽에 설치했습니다. 폭탄은 대회가 한창일 때인 7월 24일 밤 아홉 시경 박춘금이 시국 강연을 위해 무대에 올라간 지 얼마 안 돼 터졌고, 이로 인해 대회는 중단되고 말았습니다.

폭탄이 터지자 경성부민관은 순식간에 아비규환이 되었습니다. 화약 연기와 먼지가 자욱한 가운데 사람이 비명을 지르며 뛰쳐나왔고, 대회장은 그야말로 쑥대밭이었습니다. 이 거사가 일제에 준 충격은 매우 컸습니다. 전국에 비상경계령이 내려졌고, 주동자 수배에 나섰습니다. 폭파범 신고 포상금까지 걸어 대대적으로 수색했지요.

경성부민관 폭파 의거는 해방을 불과 한 달도 채 남겨 두지 않은 시점에서 일어났습니다. 일제의 패망이 눈앞에 보이는 상황에서 민족의 독립 의지를 국내외에 과시한 사건이었어요. 마지막 순간까지 굴하지 않고 저항한 한국인의 불굴의 정신을 볼 수 있습니다.

일제 말기 한반도와
전시 동원의 비극

세계 대공황과 일제의 선택

1929년, 뉴욕 증시의 대폭락으로 시작된 세계 대공황은 일본 경제를 큰 혼란에 빠뜨렸어요. 공장들은 문을 닫았고, 거리에는 실업자들이 넘쳐 났죠. 농촌에서는 쌀값이 폭락해 농민들의 삶이 무너졌습니다. 일본 정부는 이 위기를 극복하기 위한 돌파구가 필요했습니다. 침략 전쟁이었습니다.

1931년 만주사변을 시작으로 일제의 전쟁은 걷잡을 수 없이 확대되었고, 1937년 중일전쟁이 발발합니다. 경제 위기를 군사적 팽창으로 해결하려 했던 일제는 한반도를 전쟁 물자 보급의 거점으로 삼았습니다. 1938년 조선 총독 미나미 지로는 한반도의 대륙 병참 기지화를 공식 선언했어요. 이는 전쟁이 장기화되면서 일본 본토에서의 물자 보급이 어려워지자, 한반도에서 직접 전쟁 물자를 생산하여 전선에 보급하겠다는 계획이었죠.

병참 기지화 정책이 시행되면서 미쓰이, 미쓰비시 같은 일본 대기업들은 풍부한 자원과 값싼 노동력을 이용해 막대한 이익을 챙겼습니다.

이렇게 시작된 침략 전쟁은 걷잡을 수 없이 커져 갔어요. 결국 1941년 태평양전쟁으로까지 번졌습니다.

극한으로 치닫는 전시 동원 체제

1941년 태평양전쟁이 시작되면서 일제의 한반도 수탈은 극에 달했습니다. 일제는 전쟁 수행을 위해 한반도의 산업 구조를 완전히 바꾸어 놓았습니다. 가장 큰 변화는 군수 산업의 확대였어요. 이를 위해 경금속, 철강, 석탄, 기계 공업을 집중적으로 발전시켰습니다. 또한 전쟁에 필요한 식량을 확보하기 위해 화학 비료 공장을 세우고 농기계 생산도 늘렸어요.

일제는 '국가총동원법'을 만들어 한국인들을 강제로 동원해 이런 일들을 시켰습니다. 학생들은 '근로보국대'라는 이름으로 공장에 끌려갔고, 많은 한국인이 '강제 징용'이라는 이름으로 탄광과 군수 공장, 심지어 전쟁터까지 보내졌습니다. 여성들은 '근로정신대'로 징용되어 굶주림과 고통 속에서 노동을 강요당했습니다. 거기에 더해, 어린 소녀들과 젊은 여성들은 위안소로 끌려가 극심한 인권 유린을 당했습니다.

일제의 이러한 정책은 1945년 해방까지 계속되었어요. 또한 이 오키나와 전투에는 강제로 동원된 한국 청년들과 위안부로 끌려 간 한국 여성들도 있었어요. 이들은 대부분 참혹한 전투 속에서 목숨을 잃는 비극을 겪었죠. 그러나 이러한 강제 동원의 피해는 오늘날까지 제대로 해결되지 않고 있어요. 일본 정부는 아직도 이러한 강제 동원의 불법성을 인정하지 않고, 피해자들에 대한 정당한 배상도 하지 않고 있어요.

오키나와 전투와 소년병들의 비극

1945년 4월부터 6월까지 81일간 벌어진 오키나와전투는 태평 양 전쟁 최대의 격전이었습니다. 일본은 이 전투에서 가미카제 특공대를 대규모로 투입했고, 심지어 당시 세계 최대 전함 야마 토호까지 자살 특공에 동원했습니다.

더욱 비극적인 것은 어린 학생들의 동원이었어요. 1780명의 중 학생들이 '철혈근황대'라는 이름으로 전선에 투입되어 절반인 890명이 목숨을 잃었습니다. 현립공업학교의 경우 90.4%라는 끔 찍한 희생률을 기록했어요.

‘히메유리 학도대’로 불린 222명의 여학생들은 간호 요원으로 차출되었어요. "일주일만 복무하면 전쟁이 승리로 끝날 것."이라는 거짓말로 동원된 이들은 90일 동안 전쟁의 참상을 겪어야 했습니다. 특히 해산 명령이 내려진 후 일주일 동안 가장 많은 희생자가 발생했고, 136명이 목숨을 잃었습니다.

전쟁 요새가 된 한반도

태평양전쟁의 막바지, 일본 본토를 지키기 위한 전략적 요충지로 제주도와 한반도가 일제의 주목을 받았습니다. 일본은 제주도를 ‘결7호 작전’ 대상지로 지정하고, 가장 많은 전쟁 시설을 구축했습니다. 제58군사령부가 설치되었고, 6-7만 명에 달하는 일본군이 주둔했습니다. 당시 제주도 인구가 25만 명이었다는 점을 고려하면, 얼마나 많은 군대가 집결했는지 알 수 있습니다.

한라산 서북쪽에 있는 오름인 어승생악에는 고도 1169미터의 높이를 이용한 방공 시설이 설치되었고, 제주 서쪽 한경면에 있는 가마오름에는 제주도 최대 규모의 동굴 진지가 만들어졌습니다. 심지어 제주 해안 동굴 진지에는 미군 함정을 향한 자살 특공대를 설치했죠.

일제는 한반도 전역에 그리고 경성 곳곳에 전쟁을 위한 시설을 만들었어요. 경희궁 방공호는 1944년경 통신 시설을 갖춘 군사령부로 사용되었습니다. 폭 9.3미터, 높이 5.3미터, 길이 107미터에 달하는 이 거대한 지하 시설은 미군의 폭격에 대비한 것이었죠. 그 외 도로에도 미군의 폭격으로 인한 화재 확산을 막기 위해 건물들을 강제로 철거하고 빈 땅을 만들었습니다. 이 공간들은 현재 퇴계로, 청파로 등 서울의 주요 도로가 되었어요.

해방, 그리고 남겨진 과제

1945년 8월 15일, 해방을 맞이했습니다. 그러나 전쟁의 상처는 쉽게 아물지 않았습니다. 제주도의 동굴 진지, 경성의 방공호, 그리고 전쟁의 피해자들은 여전히 그 시대의 아픔을 증언하고 있어요.

오키나와 전투에서 가까스로 생존한 철혈근황대와 히메유리학도대는 다큐멘터리 취재를 위해 방문했던 저자에게 일제가 일으킨 전쟁의 참혹함이 잊히지 않도록 세계에 알리고 싶다며, 무상으로 사진 자료와 영상 자료를 제공해 주었습니다. 이들의 이야기는 전쟁이 얼마나 무자비하게 어린 생명들을 희생시키는지를 생생하게 보여 줍니다. 오늘날 우리는 학생들을 비롯한 당시 사람들이 겪어야 했던 전쟁의 공포와 죽음의 두려움을 기억하고,

평화의 소중함을 되새겨야 할 것입니다. 그리고 다시는 이런 비극이 반복되지 않도록 해야 할 것입니다.

사진 출처

* 따로 출처 표기가 없는 것은 모두 저자 및 출판사 개인 소장.